falstaff

DIE BESTEN REZEPTE ITALIENS

50 GENIALE GERICHTE ITALIENISCHER SPITZENKÖCHE

»LA CUCINA ITALIANA« NEU ENTDECKEN

Liebe Leserinnen, liebe Leser!

Neben der französischen und der chinesischen Küche gehört die italienische zweifellos zu den ganz großen Weltküchen. Allein Gerichte wie Pasta und Pizza kennt jeder rund um den Erdball.

Der große Erfolg der »cucina italiana« liegt unter anderem in der genialen Einfachheit. Bestes Beispiel: Spaghetti aglio e olio. Weniger Zutaten als Nudeln, Knoblauch und Olivenöl kann ein Gericht nicht haben, und dennoch wurde diese simpel anmutende Kreation zu einem kulinarischen Welterfolg.

Die italienische Küche ist aber auch eine der verschiedenen Regionen des Landes. In jeder Region wird anders gekocht, mitunter sind traditionelle Gerichte sogar von Ort zu Ort verschieden.

Besonders von jungen und innovativen Köchen wurden viele klassische Rezepturen in den vergangenen Jahrzehnten stark modernisiert und auf eine fantasievolle Weise neu interpretiert. Deshalb kann man schon lange nicht mehr nur von einer »Nonna-Küche« sprechen.

Für unser vorliegendes Kochbuch haben wir deshalb die besten und höchstdekorierten Starköche des Landes gebeten, uns ihre Lieblingsrezepte zu übermitteln. Es sind viele Klassiker darunter, aber auch jede Menge an Neuinterpretationen, die Lust machen sollen, sie zu Hause nachzukochen.

In diesem Sinne wünschen wir Ihnen mit diesem Buch viel Spaß und viel Vergnügen beim Ausprobieren der einzelnen Rezepte.

W. Rosam

WOLFGANG M. ROSAM
wolfgang.rosam@falstaff.com
@RosamWolfgang

Wolfgang Rosam
Herausgeber Falstaff

»In jeder Region Italiens wird anders gekocht, mitunter sind traditionelle Gerichte sogar von Ort zu Ort verschieden.«

falstaff

INHALT

COVER
ILLUSTRATION: KATHARINA WINKLER

FRIAUL

VENETO

SÜDTIROL

DAS FALSTAFF ITALIEN-KOCHBUCH

FRIAUL

Im Nordosten Italiens liegt die Region Friaul-Julisch Venetien, die einer der kulinarischen Hotspots des Landes ist. Herausragende Weine, köstliche Produkte zwischen Meer und Bergen und einfallsreiche Köchinnen und Köche. Genuss-Herz, was willst du mehr?

ANTONIA KLUGMANN

Chefköchin im »L'Argine a Vencò«

Die in Triest geborene Antonia Klugmann gehört zu den aufsehenerregenden Shootingstars der Gourmetszene Norditaliens. Sie setzt auf gänzlich unübliche Zutatenkombinationen, ihr feines, subtiles Spiel mit Kräutern brachte ihr bereits in jungen Jahren einen Michelin-Stern ein.

Ihre Karriere als Köchin startete sie nach dem Abschluss ihres Jurastudiums in Mailand. Ihre ersten Erfahrungen in der Spitzengastronomie sammelte sie im Restaurant »Baldovino« bei Spitzenkoch Raffaello Mazzolini, zu ihren großen Vorbildern zählen Ausnahmeköche wie Ferran Adrià, Massimiliano Alajmo, Pier Giorgio Parini und Niko Romito. 2006 eröffnete sie dann ihr erstes eigenes Restaurant: das »Antico Foledor Conte Lovaria« in Pavia di Udine. Sie wurde damals als Newcomerin des Jahres gefeiert.

Bis heute betreibt sie das 2014 eröffnete »L'Argine a Vencò« inmitten malerischer Weinberge im Friaul. Davor kochte sie in Venedig – bzw. auf der vorgelagerten Insel Mazzorbo – als Küchenchefin im Restaurant »Venissa«.

L'ARGINE A VENCÒ

Das Restaurant wurde Ende 2014 eröffnet und ist eine moderne Symbiose aus Holz und Glas gleich neben einer alten Steinmühle aus dem 16. Jahrhundert. Für ihre Küche baut Klugmann viele Zutaten im eigenen Garten an, der den Landgasthof umgibt.

Falstaff Rezept-Newsletter
Rezeptideen kostenlos
via E-Mail erhalten:
go.falstaff.com/at-rezept-newsletter

PROSCIUTTO-PARADIES

Schinken aus San Daniele ist DAS Produkt aus den Bergen Friauls. Berühmt auf der ganzen Welt, spielt er natürlich auch in vielen Küchenkreationen eine Rolle. Antonia Klugmann verwendet ihn zum Beispiel für ihre feinen Cappelletti.

CERVO AFFUMICATO

GERÄUCHERTE HIRSCHLENDE

(FÜR 4 PERSONEN)

SCHWIERIGKEITSGRAD: *mittel*

DAUER VORBEREITUNG: *5,5 Std. + 3–7 Tage*

DAUER FERTIGSTELLUNG: *20 Minuten*

ZUTATEN
150 g Meersalz, fein
150 g Rohrzucker
10 g Lavendelblüten
600 g Hirschlendenstück/Hirschfilet, zugeputzt, längs mittig in zwei Stücke geteilt
Holzspäne zum Räuchern
Eiswürfel zum Räuchern
Brunnenkresse
Olivenöl extra vergine

ZUBEREITUNG
- Salz, Zucker und Lavendelblüten in einem Mörser zerkleinern/mörsern.
- Die Hirschlende gleichmäßig von allen Seiten mit dieser Mischung einreiben.
- In mehrere Schichten Frischhaltefolie einwickeln, zusätzlich in einen Frischhaltebeutel geben und für circa 3 bis 4 Stunden gekühlt marinieren; jede halbe Stunde ein wenig drehen.
- Wenn das Filet ungefähr ein Viertel des Gewichts an Flüssigkeit verloren hat, aus der Folie nehmen, gründlich unter fließendem Wasser abwaschen und anschließend mit einem sauberen Tuch trocken tupfen.
- Auf einem Gitter über einem Abtropfbehälter (in einem geruchsfreien Kühlschrank) offen – nicht zugedeckt – für mehrere Tage reifen lassen, dabei regelmäßig abgetropfte Flüssigkeit entfernen und ggf. entstandene Verunreinigungen auf der Außenseite des Filetstücks mit einem mit Essig benetzten Tuch entfernen.
- Täglich ein kleines Randstück kosten. Sobald das Fleisch nach gutem Wildrohschinken schmeckt, kann geräuchert werden.
- Dazu in einem großen Topf (mit Deckel) die Sägespäne auf dem Topfboden verteilen. Darüber eine »Isolierschicht« locker zusammengeknäuelter Alufolie legen. Darauf eine mit Eiswürfeln gefüllte Metallschüssel stellen. Eine Schicht Alufolie auflegen und die Filetstücke darauf platzieren. Den Topf mit einem passenden Deckel verschließen und auf dem Herd erhitzen, bis die Späne zu rauchen beginnen.
- Eine Dreiviertelstunde lang den Topf abwechselnd erhitzen und wieder von der Hitze nehmen, so dass schöner Rauch entsteht, der Inhalt aber möglichst wenig erwärmt wird. Ab und zu das Fleisch auf dem »Eisbett« wenden. Nach dem letzten Durchgang von der Hitze nehmen und eine weitere halbe Stunde zugedeckt stehen lassen.
- Die Fleischstücke entnehmen, in Frischhaltefolie wickeln und einen weiteren Tag gekühlt ruhen lassen.

ANRICHTEN
Mit einem scharfen Messer oder einer Aufschnittmaschine feine Scheiben schneiden und mit Brunnenkresse und Olivenöl verfeinern.

DIE FALSTAFF-WEIN-EMPFEHLUNG

Vie di Romans
2018 Chardonnay Friuli Isonzo DOC
94 Falstaff-Punkte
Sattes, leuchtendes Strohgelb mit grünen Nuancen. Intensive Nase mit ansprechenden Noten nach Kamille, gelber Ananas, im Hintergrund etwas Mandarine.
viediromans.it

BACCALÀ MANTECATO

AUFGESCHLAGENER BACCALÀ

(FÜR 4 PERSONEN)

SCHWIERIGKEITSGRAD: *leicht*

DAUER VORBEREITUNG: *2 Tage*

DAUER FERTIGSTELLUNG: *20 Minuten*

ZUTATEN
300 g Baccalà/Klippfisch
1 l Milch
1 Zwiebel – geschält, in feine Streifen (Julienne) geschnitten
1 Knoblauchzehe, geschält
250 g Olivenöl extra vergine
200 g (neutrales) Pflanzenöl

Pfeffer, frisch gemalen

ZUBEREITUNG
- Ungefähr 300 g Klippfisch erst außen abwaschen, dann mit der dreifachen Menge frischen Wassers in einer Schüssel in den Kühlschrank legen. Alle 8 Stunden das Wasser wechseln und für 24 bis 48 Stunden entsalzen; nach 24 Stunden regelmäßig kosten, damit der Geschmack nicht auslaugt.
- Den entsalzten Baccalà in der Milch zusammen mit den Zwiebelstreifen und der Knoblauchzehe aufkochen.
- Von der Hitze nehmen, den Baccalà aus der Milch heben und abtropfen lassen.
- Die noch warmen Fischfiletstücke in den Rührkessel der Küchenmaschine geben.
- Mit dem Schneebesen nach und nach das Oliven- und das Pflanzenöl einschlagen.

ANRICHTEN
Mit frisch gemahlenem Pfeffer anrichten.

DIE FALSTAFF-WEIN-EMPFEHLUNG

Vie di Romans
2017 Dut'Un Bianco Venezia Giulia IGT
96 Falstaff-Punkte
Funkelndes, sattes Strohgelb mit leicht grünen Nuancen. Intensive und vielschichtige Nase, zeigt Noten nach weißem Spargel, Pfirsich, Holunderblüten und Feuerstein.
viediromans.it

CAPPELLETTI DI POLLO

CAPPELLETTI IN BRATHUHNBOUILLON

(FÜR 4 PERSONEN)

SCHWIERIGKEITSGRAD: *mittel*

DAUER VORBEREITUNG: *135 Minuten*

DAUER FERTIGSTELLUNG: *20 Minuten*

ZUTATEN FÜR DEN CAPPELLETTI-TEIG
500 g Weizenmehl W 480
10 Eidotter
2 Eier

ZUTATEN FÜR DEN BRATHUHNFOND
1 Selleriestange, in Stücke geschnitten
1 Karotte, in Stücke geschnitten
1 Zwiebel, gesechstelt
2 Hühnerkeulen
300 g Hühnerflügel
Pfefferkörner
Wacholderbeeren
Lorbeerblätter
Rosmarin
Salbei
Thymian
2 l Wasser
Pflanzenöl
Butter

ZUTATEN FÜR DIE TEIGTASCHENFÜLLE
2 Hühnerkeulen
100 g Löwenzahnblätter
100 g Wegwarteblätter
50 g Prosciutto
60 g Ricotta
Salz
Pfeffer
Rosmarin

ZUBEREITUNG CAPPELLETTI-TEIG
- Das Mehl, die Eidotter und die Eier zu einem glatten Teig verkneten. Den Teig zugedeckt eine halbe Stunde im Kühlschrank rasten lassen. Von Hand oder mit einer Nudelmaschine gleichmäßig – ca. 2 mm dick – ausrollen. Auf einer bemehlten Fläche auflegen und in Quadrate schneiden. Mit Hilfe eines Löffels jeweils ein Häufchen Fülle in die Mitte der Quadrate setzen. Zu einem Dreieck verschließen und die Spitzen der langen Basisseite miteinander zusammendrücken, so dass die typische Cappelletti-Form entsteht.
- Die Cappelletti in siedendem, gesalzenem Wasser für einige Minuten al dente kochen.
- Parallel dazu die Brathuhnbouillon erhitzen und mit etwas Salz abschmecken.

ZUBEREITUNG BRATHUHNFOND
- Den Grill anheizen.
- In einer schweren Eisenpfanne Stangensellerie, Karotte, Zwiebelstücke trocken anbraten, bis sie schön Farbe bekommen haben.
- Das geröstete Gemüse in einen Topf geben und mit kaltem Wasser bei niedriger Hitze zustellen.
- Die Hühnerkeulen und -flügel in der Eisenpfanne mit Öl auf allen Seiten erst scharf anbraten und anschließend mit einem Stück Butter hellbraun glacieren.
- Aus der Pfanne nehmen, auf den Grill legen und bei kleiner Hitze grillen, damit sie Raucharoma annehmen – ca. eine Viertelstunde.
- Zusammen mit den Aromaten zum Gemüse in den Suppentopf geben und 1 bis 1,5 Stunden köcheln. Abseihen und auskühlen lassen; das sich an der Oberfläche absetzende Fett vorsichtig abnehmen.

ZUBEREITUNG TEIGTASCHENFÜLLE
- Die Wegwarte- und Löwenzahnblätter in gesalzenem Wasser für 1 bis 2 Minuten blanchieren und in gesalzenem Eiswasser abschrecken. Die Blätter abgießen, trockenschleudern und fein hacken.
- In einer Pfanne die Hühnerkeulen in Pflanzenöl von allen Seiten anbraten, die Gewürzkräuter (Rosmarin, Thymian, Lorbeer) und ein Butterstück zugeben, die Keulen unter Wenden schön bräunen; im Ofen bei 190 °C ca. 10 Minuten fertig garen (Kerntemperatur 65 °C).
- Die Kräuter entfernen, die Keulen auslösen und das Fleisch fein schneiden. Den Prosciutto in kleine Würfel (Brunoise) schneiden.
- Die Fleischstückchen, die Prosciuttowürfelchen, die gehackten Löwenzahn- und Wegwarteblätter in einer Schüssel unter die Ricotta mischen. Mit Salz, Pfeffer und frischem, gehacktem Rosmarin abschmecken.

ANRICHTEN
In einem tiefen Teller die fertig gekochten Cappelletti in der Bouillon anrichten und mit einem Schuss guten Olivenöls verfeinern.

DIE FALSTAFF-WEIN-EMPFEHLUNG

Edi Keber
2018 Collio Bianco
94 Falstaff-Punkte
Glänzendes, sattes Strohgelb. Spannende und vielschichtige Nase, eröffnet mit Noten nach Grapefruitschale, dann getrocknete Küchenkräuter, frischer, saftiger Apfel.
edikeber.it

STRACOTTO DI CAPRA E PISELLI

GESCHMORTE ZIEGE MIT ERBSEN

(FÜR 4 PERSONEN)

SCHWIERIGKEITSGRAD: *mittel*

DAUER VORBEREITUNG: *1 Std. + 4 Std.*

DAUER FERTIGSTELLUNG: *20 Minuten*

ZUTATEN
1 kg Ziegenfleisch aus Schulter und Schlögel, ohne Knochen, zugeputzt
20 g Weizenmehl, glatt
80 ml Rotwein
15 g Kreuzkümmel
60 g Tomatenmark
10 g Fenchelsamen
1 Selleriestange
1 Karotte
15 ml Olivenöl extra vergine
Olivenöl extra vergine
Butter
Salz

ZUTATEN FÜR DIE ZWIEBELBASIS
5 Zwiebeln, gelb
2 Knoblauchzehen
3 Lorbeerblätter
20 Wacholderbeeren
20 Pfefferkörnern Pepe selvatico

ZUTATEN FÜR DIE ERBSENCREME
100 g Spalterbsen/getrocknete Erbsen
½ Zwiebel, an der Schnittfläche geröstet
Olivenöl
Salz
Zitronenzeste

ZUTATEN ZUM FERTIGSTELLEN
100 g frische grüne Erbsen
Estragon
Duftpelargonienblüten
Kresseblüten

ZUBEREITUNG ZWIEBELBASIS
- In einem großen Schmortopf alle Zutaten für den Zwiebelfond mit kaltem Wasser zustellen, aufkochen lassen und köcheln, bis die Zwiebeln weich sind.

ZUBEREITUNG ERBSENCREME
- Die Spalterbsen für 2 Stunden in Wasser einweichen. Abgießen und mit der vierfachen Menge Wasser und der gerösteten halben Zwiebel kochen, dabei regelmäßig den Schaum abschöpfen. Sobald die Erbsen gekocht sind, mit Olivenöl glatt mixen und mit Salz, Pfeffer und dünn abgeriebener Zitronenschale abschmecken.
- Die frischen Erbsen in Salzwasser blanchieren und in gesalzenem Eiswasser abschrecken.

ZUBEREITUNG
- Das Ziegenfleischteile von Knorpelstücken und Silberhaut befreien und in ca. 200-Gramm-Stücke schneiden. Diese gut salzen und mehlieren. In einer schweren Pfanne in einer Mischung aus Olivenöl und Butter rundherum anbraten; nach und nach zusätzlich Butter zugeben und auf allen Seiten schön goldbraun braten. Die Fleischstücke zu den Zwiebeln geben, das Fett aus der Bratpfanne abgießen und den Bratrückstand mit Rotwein ablöschen. Den Alkohol kurz verkochen lassen und den restlichen Wein zum Fleisch und den Zwiebeln geben.
- Den Kreuzkümmel trocken rösten, bis er Duft verströmt, und ebenfalls in den Schmortopf geben. Das Tomatenmark, die Fenchelsamen, den Sellerie und die Karotte dazugeben, mit heißem Wasser bedecken und zugedeckt für circa 4 Stunden köcheln lassen. Zwischendurch mit einer Gabel oder einem Spieß testen, ob die Fleischstücke gar sind.
- Das Fleisch aus der Sauce nehmen, von Gewürzen etc. sauber reinigen und zugedeckt warm stellen. Die Sauce abseihen und bei großer Hitze zu einer molligen Konsistenz einkochen; abschmecken und die Fleischstücke wieder zurück in die reduzierte Sauce geben.
- Mit den nochmal erwärmten blanchierten grünen Erbsen und den Kräutern anrichten; das Erbsenpüree warm machen und dazu servieren.

DIE FALSTAFF-WEIN-EMPFEHLUNG

Borgo del Tiglio
Collio Rosso Riserva DOC 2013
94 Falstaff-Punkte

Dichtes, funkelndes Rubin mit leicht aufhellendem Rand. Funkelt am Gaumen, kompakt, zeigt saftige Frucht, öffnet sich dann mit herzhaftem Tannin, fest und zupackend. Im Finale betont würzige Noten. **borgodeltiglio.it**

CROSTATINA

APFELTARTELETTE

(FÜR 4 PERSONEN)

SCHWIERIGKEITSGRAD: *mittel*

DAUER VORBEREITUNG: *225 Minuten*

DAUER FERTIGSTELLUNG: *15 Minuten*

ZUTATEN FÜR DEN SPRITZMÜRBTEIG
250 g Butter
60 g Staubzucker
1 Prise Salz
1 TL Grappa
1 Ei
250 g Mehl, glatt, W 480

ZUTATEN FÜR DIE GEDÜNSTETEN ÄPFEL
4 Äpfel aus den Natisone-Tälern
20 g Zucker
Zimt, gemahlen
Saft einer halben Zitrone
Wasser

ZUTATEN FÜR DAS APFELPÜREE
100 g gedünstete Äpfel
Zucker
Zitronensaft
Salz

ZUTATEN FÜR DAS APFELKARAMELL
150 ml Apfelfond
50 g Zucker

ZUTATEN FÜR DIE CRÈME PÂTISSIÈRE
100 ml Milch
Schale einer viertel Zitrone
1 Zimtstange
2 g Zimt, gemahlen
1 Eigelb
30 g Zucker
15 g Mehl, glatt, W 480

ZUTATEN FÜR DAS ZIMTMOUSSE
2 Blatt Gelatine, in kaltem Wasser eingeweicht
75 ml Schlagobers
150 g Crème Pâtissière

ZUTATEN ZUR FERTIGSTELLUNG
20 g weiße Couverture, geschmolzen

ZUBEREITUNG MÜRBTEIG
- Im Kessel einer Küchenmaschine die temperierte Butter, Staubzucker und Salz mit dem Schneebesenaufsatz weiß-schaumig schlagen, dabei die Grappa hinzufügen. Weiterrühren und das leicht versprudelte Ei ebenfalls langsam zugeben. Anschließend nach und nach das Mehl einrieseln lassen und untermischen.
- Die Masse in einen Dressierbeutel füllen und damit vier kleine Ringe (ca. 10 cm Durchmesser) am Besten in eine Tarteletteform oder einen Tartelettering auf Backpapier dressieren und im vorgeheizten Ofen ca. 17 Minuten bei 170 °C backen.

ZUBEREITUNG ÄPFEL
- Die gewaschenen Äpfel schälen, halbieren und aus jeder Hälfte drei Spalten schneiden. Die Kerngehäuse entfernen und die Spalten außen rund schneiden, dass sie später hübsch auf die Tartelettes passen.
- Die Apfelspalten, Abschnitte, Apfelschalen und Kerngehäuse mit Wasser bedecken und mit Zucker, Zimt und Zitronensaft aufkochen; köcheln, bis die Apfelspalten gar sind, aber nicht zerfallen. 14 Apfelspalten aufbewahren.

ZUBEREITUNG APFELPÜREE
- Aus den restlichen Apfelspalten, Zucker, Zitronensaft und einer Prise Salz ein Püree mixen.

ZUBEREITUNG APFELKARAMELL
- Das vom Kochen übrige Apfelwasser abseihen und mit Zucker zu hellbraunem Karamell einkochen.

ZUBEREITUNG CRÈME PÂTISSIÈRE
- Milch, Zitronenzeste, Zimtstange, Zimt in einem Topf aufkochen. In einer Schüssel Eigelb, Zucker und Mehl mit einem Schneebesen glatt verrühren.
- Unter Rühren die kochende Zimtmilch dazugießen und das Ganze zurück in den Topf geben. Langsam unter Rühren aufkochen; die angedickte Crème von der Hitze nehmen, durch ein Sieb in einen Behälter gießen und überkühlen.

ZUBEREITUNG ZIMTMOUSSE
- Die ausgedrückte Gelatine bei niedriger Hitze schmelzen. Das Schlagobers aufschlagen; die geschmolzene Gelatine dabei mit einmischen.
- Das steif geschlagene Obers vorsichtig unter die Zimt-Patissièrecreme mischen und in einen Dressierbeutel füllen.

FERTIGSTELLUNG
Die gebackenen Crostatina-Böden auf der Oberseite mit geschmolzener weißer Couverture bepinseln, nacheinander eine Schicht Apfelpüree und Zimtmousse auftragen. Die Apfelspalten halbieren und fächerartig überlappend auf die Mousse auflegen. Das Karamell leicht anwärmen und die Crostatine damit überglänzen.

DIE FALSTAFF-GETRÄNKE-EMPFEHLUNG

Nonino
Grappa Nonino Riserva 8 Years
94 Falstaff-Punkte
Edles, intensives Bernstein. Sanfter Holzton, weiße Schokolade, etwas Trüffel, getrocknete Marille, nobel. Sehr ausgewogen am Gaumen, kraftvoll, sahnig, einnehmend und sehr lange.
nonino.it

Eine friulanische Familie hat die Welt der Grappas verändert. Giannola Nonino machte den Grappa, den einst nur arme Bauern und Soldaten tranken, zur salonfähigen Spirituose. Und ihre Töchter sind würdige Nachfolgerinnen.

NONINO. HIER IST GR

Elisabetta, Benito, Gianolla, Cristina und Antonella Nonino auf dem berühmten Oliviero-Toscani-Foto aus dem Jahr 1989.

APPA FRAUENSACHE

Sie verbindet die Leidenschaft für das Destillieren. Antonella, Elisabetta und Cristina Nonino.

Ronchi di Percoto. Seit 1929 der Ort für feine Brände.

Die Noninos sind eine Unternehmerfamilie, in der die Frauen das Heft in der Hand halten. 1897 gegründet, wird das Unternehmen heute von den Schwestern Elisabetta, Cristina und Antonella geführt. Cristinas Tochter Francesca ist die nächste Generation dieses »Women's Business Club«.

Im Jahr 1989 machte der berühmte Fotograf Oliviero Toscani ein Familienfoto, das um die Welt ging. Bis heute hat sich nur wenig in der Familiengeschichte geändert, der Grappa ist vielleicht noch besser und die Marke Nonino in der Spirituosenwelt ein Begriff für Qualität, Innovation und Begeisterung. Und jedenfalls reine Frauensache.

DIE GESCHICHTE

Die Destillerie Nonino im Friaul gehört zu den allerbesten Destillerien Italiens. Der Gründer des berühmten Grappa-Hauses, Orazio Nonino, zog jahrelang mit einem fahrbaren Destillierkolben durch die Dörfer des Friaul, bevor er sich 1929 in Ronchi di Percoto mit einer eigenen Brennerei niederließ, an dem Ort, an dem bis heute die bekannten Brände entstehen. Auf den Firmengründer Orazio folgten Luigi, Antonio, Benito mit Giannola und dann Cristina, Antonella und Elisabetta.

Unter der Leitung von Benito und seiner Frau Giannola wuchs der Bestand an Dampfkolben über die Jahre kontinuierlich an, heute besitzt die Familie 66 Dampfdestillierkessel, die rund um die Uhr in Betrieb sind. Es wird besonders streng darauf geachtet, dass aus-

Die Dampfdestillierkessel sind Tag und Nacht im Einsatz.

schließlich frische Trester und edle Trauben verwendet werden, da dies für die Noninos die einzig mögliche Grundlage für ihren reinen und edlen Grappa ist.

DIE GRAPPA-REVOLUTION

Im Jahr 1973 revolutionieren Giannola und Benito Nonino die Produktionsweise und die Präsentation des Grappas weltweit. Sie »erfinden« den ersten reinsortigen Grappa Monovitigno Nonino, indem sie den Trester der Picolit-Traube separat destillieren. Der sortenreine Grappa ist bis heute das Markenzeichen von Grappa Nonino. Mit großem Erfolg setzte sich das engagierte Paar von diesem Jahr an für autochthone und vom Verschwinden bedrohte Rebsorten, wie Schioppettino, Tazzelenghe, Pignolo oder Ribolla gialla ein. Der Respekt vor den Terroirs und die altüberlieferte Handwerkskunst des Destillierens sind bis heute der wichtigste Teil der Firmenphilosophie. Jahr für Jahr gibt es in der traditionellen Brennerei neue Ideen. Ab 1984 destillierte man nicht nur den Trester (Traubenmost), sondern die ganze Traube. Die so genannte Traubendestillation war geboren und damit noch viel fruchtintensivere Destillate. Nicht nur damit veränderte die Familie Nonino die Welt des Grappas.

NONINOS GRAPPA-UNIVERSUM

Zum weltweiten Ruhm tragen auch Innovationen wie zum Beispiel der delikate Traubenbrand »ÙE«, ein Destillat aus der Traubenfrucht, oder die exquisiten Honigdestillate bei. Das Erfinden und Bewahren liegt auch in der DNA der Töchter und der Enkelin. Für den »L'Aperitivo Nonino Botanical Drink« beginnt die Geschichte im Jahr 1940. Aus den Familienarchiven haben Cristina, Antonella, Elisabetta und Francesca die Rezeptur von Silvia Nonino, der ersten Brennmeisterin Italiens, aufgegriffen und erneuert. Angeregt von Silvias Wissen über die Kunst der Destillation und der Kräuter kreierten die Nonino-Frauen eine neue Version der alten Rezeptur. Sie veredelten sie mit dem reinsortigen »ÙE«-Traubenbrand Monovitigno Fragolino vom Nonino-Weinberg, und ein frischfruchtiger Aperitif war geboren.

Nur Qualität zählt. Cristina Nonino in der Brennerei.

Nonino Distillatori
Via Aquileia 104 – Fr. Percoto
33050 Pavia di Udine
(UD) Italien
grappanonino.it
topspirit.at

SENATVS VENETVS ANDREA GRITI PRINCIPE

VENETO

Das Veneto ist ein klingender Name für Wein, aber auch für eine besondere Küche. Reis, Mais und Bohnen dominieren viele Gerichte. Aus der Lagune kommen Meerestiere und von den Inseln Gemüse. Ein Paradies.

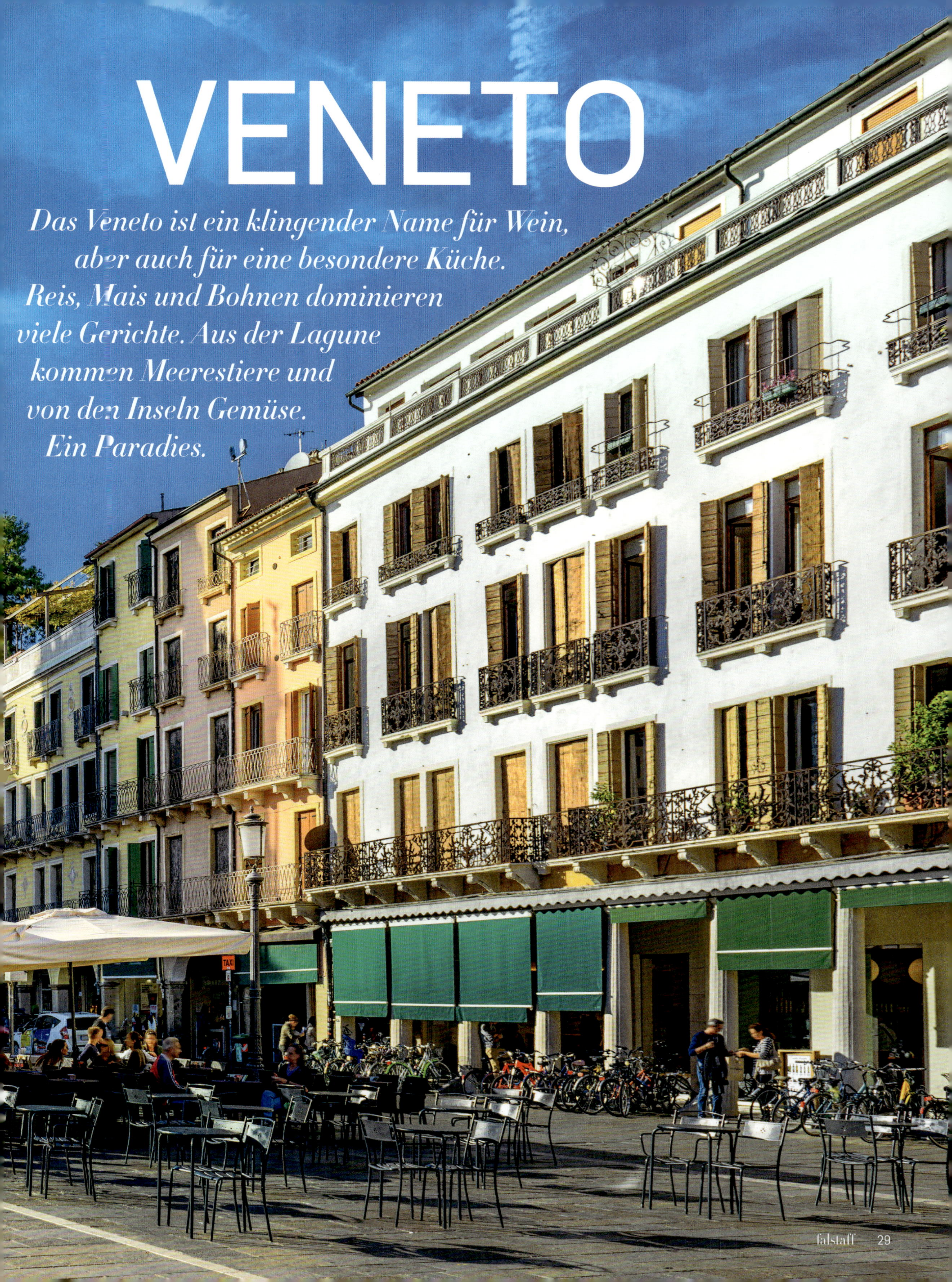

MASSIMILIANO ALAJMO

Chefkoch im »Le Calandre«

Er gilt schon lange als einer der ungewöhnlichsten Spitzenköche Italiens: Massimiliano Alajmo. Zwölf Mal wurde das »Le Calandre«, in dem er sich als Küchenchef auch international einen Namen gemacht hat, in das »The World's 50 Best Restaurants«-Ranking aufgenommen.

Zu seinen Signature-Gerichten gehört die Mandel-Mozzarella, eine Geschmacksexplosion aus Mandelmilch und Basilikum, sowie »Tiramisu in a pipe«, das tatsächlich in einer Tabakpfeife aus Muranoglas an den Tisch kommt und mittlerweile Kultstatus erlangt hat.

Das »Le Calandre« in Sarmeola di Rubano bei Padua, mit drei Michelin-Sternen, ist die Keimzelle eines mittlerweile beachtlichen Genussimperiums mit zehn gastronomischen Etablissements in Italien, einem in Frankreich und einem in Marokko. In allen Lokalitäten gibt Massimiliano Alajmo küchentechnisch den Ton an.

2002 erhielt er erstmals drei Michelin-Sterne. Da war er 28 Jahre alt und der jüngste Koch aller Zeiten mit einer derartigen Auszeichnung.

LE CALANDRE

In einem Vorort von Padua befindet sich das Drei-Sterne-Restaurant »Le Calandre«. Es ist die Kommandozentrale des Restaurantimperiums von Massimiliano Alajmo, in dem schon seine Eltern arbeiteten und das heute zu den Top Ten der italienischen Spitzengastronomie zählt.

BERGE UND MEER

Massimo Alajmo versteht es wie kaum ein anderer Koch Norditaliens, traditionelle Speisen mit all den Köstlichkeiten aus dem Meer auf moderne und innovative Art zu verbinden und neue Kreationen zu schaffen. Ein paar Beispiele gefällig?

CAPPUCCINO DI SEPPIE

TINTENFISCH CAPPUCCINO

(FÜR 4 PERSONEN)

SCHWIERIGKEITSGRAD: *leicht*

DAUER VORBEREITUNG: *60 Minuten*

DAUER FERTIGSTELLUNG: *15 Minuten*

ZUTATEN FÜR DEN TINTENFISCH
300 g Tintenfische, geputzt, Tinte entfernt, separat aufbewahrt
20 g Zwiebel, weiß
½ Knoblauchzehe
20 ml Olivenöl extra vergine
30 ml Weißwein
150 g Gemüsefond
20 ml Tintenfischtinte
½ Lorbeerblatt
Salz

ZUTATEN FÜR DIE ERDÄPFELCRÈME
450 g Erdäpfel, geschält und gewürfelt
100 ml Schlagobers
100 ml Milch
60 ml Gemüsefond
20 ml Olivenöl extra vergine
6 g Salz
3 g Zucker
1,5 g Sojasauce

ZUTATEN FÜR DIE FERTIGSTELLUNG
3 g Schnittlauch, fein geschnitten
Olivenöl extra vergine

ZUBEREITUNG TINTENFISCH
- Den Tintenfisch in feine Würfelchen schneiden.
- In einer Sauteuse die fein geschnittene Zwiebel und den gehackten Knoblauch in Olivenöl anlaufen lassen. Die Tintenfischstücke dazugeben und mit Weißwein zweimal ablöschen. Mit dem Gemüsefond aufgießen und die Tinte und das Lorbeerblatt dazugeben.
- Zugedeckt köcheln, bis die Tintenfischstücke gar sind. Das Lorbeerblatt entfernen.

ZUBEREITUNG ERDÄPFELCRÈME
- Die Erdäpfel in ungesalzenem Wasser kochen, abseihen und mit den übrigen Zutaten mischen und mit einem Stabmixer oder Blender glatt mixen. Durch ein feines Sieb passieren.

ANRICHTEN
Die Tintenfischstücke auf vier Glastassen verteilen. Mit der Erdäpfelcrème vorsichtig auffüllen. Mit ein paar Tropfen Tintenfisch-Garsud, Olivenöl und Schnittlauch fertigstellen.

DIE FALSTAFF-WEIN-EMPFEHLUNG

Weingut Canevel
Terre del Faè 2020
Die Hügel mit den wertvollen Lagen von Faè, gesäumt von üppigen Wäldern, erzeugen ein kostbaren Spumante Cru mit knackig-trockenem Geschmack und einem delikaten Bukett von Rebblüten, Mandeln und Renetten.
canevel.it

TAGLIATELLE ALLO ZAFFERANO
SAFRAN TAGLIATELLE

(FÜR 4 PERSONEN)

SCHWIERIGKEITSGRAD: *mittel*

DAUER VORBEREITUNG: *1 Std. + 5 Std.*

DAUER FERTIGSTELLUNG: *20 Minuten*

ZUTATEN FÜR DIE RIND-HÜHNER-KRAFTSUPPE
4 l Hühnerfond
200 g Hinteres Ausgelöstes
200 g Karotten, geputzt
200 g Stangensellerie, geputzt
200 g Zwiebel, halbiert
150 ml Portwein
150 ml Marsala
200 ml Weißwein
1 Thymianzweig
Salz

ZUTATEN FÜR DIE PASTA
250 g Hartweizengrieß
2 Eier
½ g Safranpulver
Wasser, evtl. ein wenig

ZUTATEN FÜR DIE SAFRAN-SÜSSHOLZ-BUTTER
½ g Safranfäden
50 ml Rind-Hühner-Fond
1 Prise Lakritzpulver
100 g Butter in Stücken
1 Prise Salz

ZUTATEN FÜR DIE FERTIGSTELLUNG
4 l Wasser
40 g Salz
25 g Parmigiano Reggiano
½ g Lakritzpulver

ZUBEREITUNG RIND-HÜHNER-KRAFTSUPPE
- Sämtliche Zutaten – bis auf Thymian und Salz – in einem großen Topf zustellen und für fünf Stunden köcheln. Durch ein Tuch seihen und auf die Hälfte reduzieren. Mit Salz abschmecken, den Thymianzweig einlegen und von der Hitze nehmen.

ZUBEREITUNG PASTA
- Alle Zutaten zu einem glatten Teig kneten. Den Teig einwickeln und für 2 Stunden rasten lassen. Den Teig wieder elastisch kneten und entweder von Hand oder mit einer Pastamaschine ausrollen und Tagliatelle mit ungefähr 8 Millimeter Breite schneiden.

ZUBEREITUNG SAFRAN-SÜSSHOLZ-BUTTER
- Die Safranfäden in einem großen Sautoir in der heißen Suppe für 10 Minuten ziehen lassen. Das Lakritzpulver und die Butter mit einem Stabmixer einemulgieren.

FERTIGSTELLUNG
- Die Tagliatelle für rund zwei Minuten im Salzwasser kochen, abgießen und gleich in der Safran-Lakritz-Butter wenden.
- Auf vier vorgewärmten Tellern anrichten und mit Parmesan und je einer Prise Lakritzpulver fertigstellen.
- Die Rind-Hühner-Kraftsuppe in einer separaten Schale zu den Tagliatelle servieren.

DIE FALSTAFF-WEIN-EMPFEHLUNG
Weingut Masi
Toar Valpolicella Classico Superiore DOC 2017
Tiefes Rubinrot mit violetten Reflexen. In der Nase reife rote Früchte mit einem Hauch von Vanille. Am Gaumen trocken, gute Säure und weiche Tannine. Pflaumen und Kirschen. Langer Abgang, vollmundig und elegant.
masi.it

RISOTTO BIANCO

WEISSER RISOTTO

(FÜR 4 PERSONEN)

SCHWIERIGKEITSGRAD: *mittel*

DAUER ZUBEREITUNG: *1 Std.*

ZUTATEN
50 g Pantelleria-Kapern, abgespült, in Wasser eingeweicht
10 g weiße Zwiebel, geschält
12 ml Olivenöl extra vergine
320 g Risottoreis – Vialone Nano
50 ml Weißwein
8 Espressobohnen, ganz
500 ml Hühnerfond, heiß
60 g Butter
100 g Parmigiano Reggiano, gerieben
4 g geriebene Espressobohnen aus Haiti
Salz
Zucker
1 Caffè ristretto extrakurz

ZUBEREITUNG

- Die Kapern abtropfen, fein hacken und beiseitestellen.
- Die Zwiebel fein würfeln und in einer Sauteuse in Olivenöl anlaufen lassen. Den Reis dazugeben und antoasten. Mit dem Weißwein ablöschen und etwas verkochen lassen. Die Kaffeebohnen und etwas Salz dazugeben und nach und nach unter ständigem Rühren Hühnerfond zugeben.
- Sobald der Reis gar, aber noch nicht zu weich ist, die Kaffeebohnen entfernen. Mit Salz abschmecken, die Butter, den Parmesan und ein klein wenig Hühnersuppe rasch einrühren.
- Den Risotto auf vorgewärmten Tellern anrichten, die gehackten Kapern darauf verteilen und etwas gemahlenen Kaffee in einer Linie darüberstreuen. Zum Schluss paar Tropfen Ristretto auf den Teller geben.

DIE FALSTAFF-WEIN-EMPFEHLUNG

Weingut Masi
Lugana Beldosso 2020
Tiefes Goldgelb. In der Nase attraktive Noten von Passionsfrucht und Zitrusfrüchten mit einem Hauch von Vanille. Am Gaumen intensiv und vollmundig, lebendige Säure, attraktiver mandelartiger Abgang.
masi.it

MANZO ALLA CORTECCA
RIND ALLA CORTECCA

(FÜR 4 PERSONEN)

SCHWIERIGKEITSGRAD: *einfach*

DAUER VORBEREITUNG: *30 Minuten*

DAUER FERTIGSTELLUNG: *20 Minuten*

ZUTATEN FÜR DAS TATAR
300 g Fleisch vom Fassone-Piemontese-Rind – Filet, Beiried oder Weißes Scherzel
40 g Mineralwasser, prickelnd
12 ml Olivenöl
6 g weiße Trüffelpaste
4 g Salz
1 g Zucker
1 Tropfen Knoblauchöl
Schnittlauch, fein geschnitten
Pfefferminzzweig, gehackt

ZUTATEN FÜR DIE TRÜFFELEMULSION
200 g Mayonnaise
20 g kaltes Wasser
6 g weiße Trüffelpaste
1 g Salz
1 Tropfen Knoblauchöl

ZUTATEN FÜR DIE BROTWÜRFEL
2 Scheiben Weizenvollkornbrot
Olivenöl
Schnittlauch, geschnitten
Salz

ZUTATEN FÜR DIE BEDUFTETEN HANDTÜCHER
1 l Wasser
4 Tropfen Rosenessenz
2 Nelken
1 Stück Sternanis
1 Zimtstange
1 Zitronenzeste
2 Orangenzesten

ZUTATEN FÜR DIE FERTIGSTELLUNG
Frische Trüffel
4 Stück Sternanis

ZUBEREITUNG TATAR
- Das Fleisch sauber zuparieren – von sämtlichen Sehnen und Silberhautresten befreien. In kleine Würfel schneiden und in einer Schüssel mit den übrigen Zutaten vermischen. Das Tatar aus der Schüssel nehmen, in Folie einschlagen und 10 Minuten kühl stellen. Die ungewaschene Schüssel für die Brotwürfel weiterverwenden.

ZUBEREITUNG TRÜFFELEMULSION
- Sämtliche Zutaten glatt verrühren. Kühl stellen.

ZUBEREITUNG BROTWÜRFEL
- Die Brotscheiben in Stücke brechen und in der Schüssel mit Olivenöl, Schnittlauch und Salz mischen.

ZUBEREITUNG BEDUFTETE HANDTÜCHER
- Das Wasser mit den übrigen Zutaten in einer Schüssel in der Mikrowelle auf mittlerer Stufe für ein paar Minuten aromatisieren.

FERTIGSTELLUNG
- Die Handtücher mit dem Duftwasser besprenkeln, einrollen. Auf vier Teller legen und auf jede Rolle ein Stück Sternanis setzen.
- Auf einer Platte die Trüffelemulsion ausstreichen. Mit Fingerfood-Portionen Tatar und den Brotwürfeln belegen. Frische Trüffel darüberhobeln und servieren.
- Die bedufteten Handtücher dazu reichen.

DIE FALSTAFF-WEIN-EMPFEHLUNG

Weingut Conti Bossi Fedrigotti
2015 Fojaneghe Rosso Vigneti delle Dolomiti IGT
92 Falstaff-Punkte
Kraftvolles, funkelndes Rubinviolett. In der Nase von mittlerer Intensität nach Tabak und Cassis. Griffiges, zupackendes Tannin am Gaumen, feine Würze, im Finale fester Druck.
bossifedrigotti.com

CIOCCOLATA – NOCCIOLA – CAFFÈ
SCHOKOLADE – HASELNUSS – KAFFEE

(FÜR 4 PERSONEN)

SCHWIERIGKEITSGRAD: *mittel*

DAUER VORBEREITUNG: *1,5 Std. + 12 Std.*

DAUER FERTIGSTELLUNG: *20 Minuten*

ZUTATEN FÜR DAS HASELNUSSEIS
12 Eigelb
600 ml Milch
100 g Schlagobers
30 g Milchpulver
50 g Invertzucker
110 g Zucker
22 g Dextrose
7 g Stabilisator
45 g Haselnusspaste »Etna«
45 g Haselnusspaste »Tonda gentile«
Salz

ZUTATEN FÜR DIE SCHOKOLADE-WAFFELN
40 ml Orangensaft
15 g Weizenmehl
10 g Kakao
40 g Staubzucker
40 g Kristallzucker
45 g Butter, geschmolzen

ZUTATEN FÜR DIE KARAMELL-HASELNÜSSE
40 g Wasser
50 g Zucker
40 g Haselnüsse

ZUTATEN FÜR DEN HEISSE-SCHOKOLADE-SCHAUM
250 ml Schlagobers
110 g Milchcouverture
60 g Bittercouverture

ZUTATEN FÜR DIE FERTIGSTELLUNG
Bittercouverture, geschmolzen
Fleur de Sel
Sarawak-Pfeffer, geschrotet
Espresso

ZUBEREITUNG HASELNUSSEIS
- Eigelb, Milch und Schlagobers auf 40 °C erwärmen. Das Milchpuver einrühren und auf 60 °C weitererwärmen und sämtliche Zucker und den Stabilisator einmischen. Unter Rühren auf 82 °C erhitzen, sofort von der Hitze nehmen und durch ein feines Sieb umgießen. Die Masse über Nacht reifen lassen. Die Haselnusspasten einrühren und in der Eismaschine frieren.

ZUBEREITUNG SCHOKOLADEWAFFELN
- Alle Zutaten glatt mixen und für 2 Stunden in den Kühlschrank geben. Ausrollen, rechteckig zuschneiden und auf einem Backblech mit Silikonmatte oder Backpapier bei 180 °C 6 Minuten backen. Auskühlen und trocken und zugedeckt aufbewahren.

ZUBEREITUNG KARAMELL-HASELNÜSSE
- Wasser und Zucker aufkochen und auf 114 °C kochen lassen. Die Haselnüsse dazugeben und über Nacht ziehen lassen. Aus dem Sirup nehmen. Einige als Garnitur beiseitelegen, die restlichen Nüsse hacken.

ZUBEREITUNG HEISSE-SCHOKOLADE-SCHAUM
- Das Schlagobers aufkochen und über die gehackte Couverture gießen. Glatt rühren und durch ein Sieb in eine Sahne-Siphonflasche füllen. Gut verschließen und mit zwei Sahnepatronen (Stickstoff) unter Druck setzen.

FERTIGSTELLUNG
- Die Siphonflasche im Wasserbad auf 60 °C erwärmen.
- Auf einem großen Teller die Schokoladewaffeln mit etwas geschmolzener Schokolade und den Karamell-Haselnüssen anrichten.
- In einer Tasse zwei Kugeln Eis mit den gehackten Haselnüssen und Stücken aus den Schokoladewaffeln anrichten.
- Im letzten Augenblick vor dem Servieren den warmen Heiße-Schokolade-Schaum zum Eis in die Tasse sprühen und mit einer Prise Salz und Pfeffer bestreuen.

DIE FALSTAFF-WEIN-EMPFEHLUNG

Weingut Cantina Privata Boscaini
Mezzanella Recioto Amandorlato 2015
Ein Recioto-Cru, der sich durch seine besondere Komplexität und den charakteristischen Nachhall von Mandeln auszeichnet. Der erste Eindruck im Mund ist süß und üppig. Danach ein fast gebieterischer, trockener und vollendeter Eindruck.
masi.it

MASI

Serego Alighieri, Valpolicella: In der friedlichen Oase der noblen Possessioni Serego Alighieri kann man übernachten sowie Events und Kochkurse besuchen.

MEILENSTEINE DER VERONESER ÖNOLOGIE

Masi zählt zu den bekanntesten Weinproduzenten Italiens. Das innovative Unternehmen, seit sieben Generationen im Besitz der Familie Boscaini, notiert seit 2015 an der Börse.

Das Veroneser Familienunternehmen besitzt eine anerkannte Expertise für das Appassimento. Dieses traditionelle Verfahren existiert seit der Römerzeit. Durch Trocknung der Trauben auf Röhrichtgestellen konzentrieren sich die Aromen.

Masi gilt als historisch bewusstes, gleichzeitig durchaus innovationsfreudiges Unternehmen. Der Umsatz der Masi-Gruppe beträgt 65 Millionen Euro, der Anteil an Spitzen- und Premiumweinen 70 Prozent (Stand: 2019).

Die Familie Boscaini schuf mit ihren Weinen »Meilensteine der Veroneser Önologie und revolutionierte die Weinbaukunst Venetiens«, befand schon Hugh Johnson, legendärer Herausgeber des gleichnamigen Guides. Ursprünglich beheimatet im klassischen Valpolicella-Gebiet, steht Masi für hochwertige Weine, die ihre Herkunft (Venetian Values) durch lokale Rebsorten und stetig weiterentwickelte sowie verfeinerte Produktionstechniken repräsentieren.

Zu den Weinbergen um Verona erwarb die engagierte Familie große Lagen im Friaul, in der Toskana sowie in Argentinien. Das nötige Kapital dafür

Masis Techniker verfeinerten das Appassimento-Verfahren, auf dem der legendäre Amarone beruht. Seine Lagerfähigkeit ist beeindruckend.

stammt auch von der italienischen Börse in Mailand.

MISTER AMARONE GOES BÖRSE

Masis Historie reicht bis in das 18. Jahrhundert zurück, als die Familie Boscaini wertvolle Lagen im kleinen Tal Vaio dei Masi erwarb. Heute leiten die sechste und die siebte Generation die Geschäfte. Ihr Präsident Sandro Boscaini – bekannt als »Mister Amarone« – führt den Betrieb mit seinen Kindern Alessandra und Raffaele, den Brüdern Bruno und Mario sowie Nichte Anita und dem Neffen Giacomo. Seit dem 30. Juni 2015 notieren die Veroneser Weinkünstler als erstes weinproduzierendes Unternehmen an der italienischen Börse – die Leitung freilich blieb in bewährten Familienhänden. Masi gilt mit dem Campofiorin als Erfinder der Supervenetians, mit der Weiterentwicklung des Appassimento-Verfahrens als Innovationstreiber der Region.

VENETIEN, TOSKANA UND ARGENTINIEN

Durch Expansionen und Kooperationen deckt die Gruppe mittlerweile ein breites Portfolio an hochwertigen Weinen ab. Die ursprünglichen Weinberge liegen, wie bereits erwähnt, bei Verona. Hinzu kommen Weingüter von Masis Kooperationspartnern im Trentino, in Valdobbiadene ist der exzellente Spumante-Erzeuger Canevel Teil der Masi-Gruppe, im Friaul das Weingut Stra' del Milione.

In Kooperation mit Serego Alighieri erwarb Masi das toskanische biozertifizierte Weingut Poderi BellOvile im Val d'Orcia, wo der hocharomatische Rosso di Toscana Poderi BellOvile aus den autochthonen Sorten Ciliegiolo und Canaiolo gekeltert wird. In Argentinien schließlich fand Masi im Tupungato-Tal in Mendoza das Weingut Vigneti La Arboleda, um neben der Leitsorte Malbec auch autochthone Rebsorten aus Venetien auszupflanzen. »Argentinische Natur, italienischer Stil«, lässt sich die Philosophie auf den Punkt bringen. Passo Doble, Passo Blanco und Corbec sind jene Weine, die in Argentinien in Bioqualität produziert werden.

BIO, SOLARSTROM UND RECYCLING

Biologisch werden auch die Güter in Valdobbiadene (Prosecco DOCG Campofalco) und in der Toskana bewirtschaftet. Masi verwendet auf allen Weingütern natürliche Dünge- und Schädlingsbekämpfungsmittel und auch sonst setzt das Traditionsunternehmen gezielt auf Nachhaltigkeit: in den Kellereien auf modernste Filter- und Kläranlagen, in den Gebäuden auf Solarstrom, bei der Verpackung auf Recycling.

Masi Agricola S.p.A.
Via Monteleone 26
37015 Sant'Ambrogio di Valpolicella (Verona)
T.: +39 045 6832511
masi@masi.it
masi.it

SÜDTIROL

In der Küche der nördlichsten Provinz Italiens treffen traditionelle Tiroler Gerichte und Zutaten auf südliche Leichtigkeit in der Zubereitung. Aus der Region kommen der berühmte Speck, das Schüttelbrot, variantenreiche Knödel, Äpfel sowie Wein.

Gerhard
Wieser

GERHARD WIESER

Chefkoch im »Castel finedining«

Die alpin-mediterrane Küche ist sein Spezialgebiet. Gerhard Wieser ist ein Perfektionist am Herd. Seit 2010 hält er im »Castel *finedining*« im Hotel »Castel« in Südtirol zwei Michelin-Sterne, seine Kochbücher sind Bestseller. Gerhard Wieser machte seine Ausbildung zum Koch von 1983 bis 1986 in Südtirol. Daran anschließend durchlief er mehrere Stationen im Ausland, darunter im Hotel »Bayerischer Hof« in München, im »Grand Hotel Victoria-Jungfrau« in Interlaken und im Restaurant »Gigetto« in Treviso. 1993 erhielt er den Meisterbrief als jüngster Küchenmeister Südtirols. Weitere Erfahrungen sammelte er bei einigen der besten Köche Deutschlands, darunter bei Harald Wohlfahrt in der »Schwarzwaldstube«, bei Dieter Müller im »Schlosshotel Lerbach«, bei Joachim Wissler im »Vendôme« und bei Klaus Erfort im »Gästehaus Erfort«.

Heute zählt Gerhard Wieser zur absoluten Kochelite Südtirols und wird Jahr für Jahr von der internationalen Gourmetkritik in den Himmel gelobt.

CASTEL FINEDINING

Das Gourmetrestaurant »Castel *finedining*« im Hotel »Castel« in Dorf Tirol in Südtirol wird von Michelin seit Jahren mit zwei Sternen bewertet. Gerhard Wieser als Küchenchef hat dieses Haus mit seiner außergewöhnlichen Küchenlinie stark geprägt.

AM ANFANG WAR DER APFEL

Südtirol ist das größte zusammenhängende Apfelanbaugebiet Europas und der »Südtiroler Apfel« eine kulinarische Marke. Spitzenkoch Gerhard Wieser kocht dieses Mal ohne Äpfel. Aber Schlutzkrapfen müssen es natürlich sein.

REINANKEN-TARTARE

(FÜR 4 PERSONEN)

SCHWIERIGKEITSGRAD: *einfach*

DAUER VORBEREITUNG: *1 Std + 12 Std*

DAUER ZUBEREITUNG: *15 Minuten*

ZUTATEN REINANKE
1 kg Reinanken im Ganzen (oder 650 g Reinankenfilet)
Salz
Pfeffer
2 EL Olivenöl
Dille

ZUTATEN ROTE RÜBEN
200 g Rote Rüben
50 ml Wasser
15 ml Apfelessig
20 g Zwiebel, geschält, in Streifen geschnitten
½ St. Knoblauchzehe
1 Lorbeerblatt
½ TL Kreuzkümmel
½ TL Koriander
2 Stück Pfefferkörner schwarz, geschrotet
20 ml Olivenöl
10 ml Walnussöl
Salz

ZUTATEN BUTTERMILCHKALTSCHALE
50 g Buttermilch
50 g Schlagobers
50 g Joghurt
½ Knoblauchzehe
Salz
Pfeffer aus der Mühle
2 Basilikumblätter
10 ml mildes Olivenöl
1 Spritzer Zitronensaft
Kapuzinerkresse

ZUBEREITUNG EINGELEGTE ROTE RÜBEN
- Die Roten Rüben schälen und in Spalten schneiden, danach in Wasser mit Salz, Apfelessig, Zwiebel, Knoblauch, den Kräutern und Gewürzen aufkochen, 10 Minuten ziehen lassen und über die Rote-Rüben-Stücke seihen.
- Über Nacht marinieren, anschließend aus dem Sud heben und mit Olivenöl und Walnussöl verfeinern.

ZUBEREITUNG REINANKENTARTARE
- Die Reinanken ausnehmen, waschen, filetieren und mit einer Fischpinzette die Gräten zupfen. (Die Filets müssen noch nach Gräten untersucht werden.) Die Bauchlappen wegschneiden.
- Mit einem scharfen Messer die Filets von der Haut schneiden und zu Tartare würfeln. Mit Salz, Pfeffer, Olivenöl und gehackter Dille abschmecken.

ZUBEREITUNG BUTTERMILCH-KALTSCHALE
- Die Buttermilch, das Obers, Joghurt, Salz und Pfeffer glattrühren. Über die Knoblauchzehe und das Basilikum einmal mit dem Messer drüberhacken und in der Buttermilchmischung ziehen lassen. Abseihen und mit Olivenöl und Zitronensaft fertig abschmecken.

ANRICHTEN
In Tellern mithilfe eines Dessertringes das Reinankentartare füllen und gleichmäßig leicht andrücken; den Ring vorsichtig abziehen. Die Rote-Rüben-Stücke anlegen und die Buttermilchcreme nappieren. Zum Schluss mit Kapuzinerkresse und etwas Olivenöl fertigstellen.

Anstelle der Reinanke kann man gerne Saibling, Forelle oder Lachs verwenden.

DIE FALSTAFF-WEIN-EMPFEHLUNG

Alois Lageder
Pinot Bianco 2020
Der klassische Weißburgunder von Alois Lageder besitzt ein dezentes, blumiges Bouquet mit Apfel-, Birnen- und Zitrusnoten sowie lebhafte Frische.
aloislageder.eu

BROTSUPPE MIT SÜDTIROLER SPECK

(FÜR 4 PERSONEN)

SCHWIERIGKEITSGRAD: *einfach*

DAUER VORBEREITUNG: *40 Minuten*

DAUER ZUBEREITUNG: *10 Minuten*

ZUTATEN
150 g weiße Zwiebel, geschält
1 EL Butter
½ Knoblauchzehe, geschält
80 g Südtiroler Speck, in Streifen geschnitten
30 g Karotten, geschält
30 g Selleriestange
30 g Lauch, geputzt
800 ml Rindssuppe
1 Lorbeerblatt
1 Zweig Liebstöckel
1 Msp. Kümmel, gemörsert
1 Msp. Korianderkörner, gemörsert
Salz
Pfeffer schwarz
160 g Vinschger Paarlbrot, vom Vortag
1 EL Schnittlauch, fein geschnitten,
knusprig frittierte Zwiebelringe
4 Scheiben Südtiroler Speck, in feine Streifen geschnitten

ZUBEREITUNG
- Die Zwiebel halbieren und in Streifen schneiden. In Butter schön braun rösten; den Knoblauch und die Speckstreifen dazugeben und mitschwitzen. Karotten, Stangensellerie und Lauch in Streifen schneiden und für 5 Minuten mitdünsten. Die Kräuter und Gewürze dazugeben und mit Rindssuppe aufgießen.
- Für knapp 20 Minuten leicht köcheln und mit Salz und Pfeffer abschmecken.
- Das Vinschgerbrot in kleine Stücke zupfen, mit dem Speck in Butter knusprig rösten.

ANRICHTEN
Die Suppe mit dem Brot, Speck, Zwiebelringen und frischem Schnittlauch anrichten und servieren.

DIE FALSTAFF-WEIN-EMPFEHLUNG

Alois Lageder
2018 Krafuss Pinot Noir
Weinberg Dolomiten IGT
92 Falstaff-Punkte
Leuchtendes helles Rubin. In der Nase dezent würzig, nach frischen Kirschen, dazu leicht grünwürzige Töne, leicht pfeffrig, im Nachhall nach reifen Himbeeren.
aloislageder.eu

SCHLUTZKRAPFEN

(FÜR 4 PERSONEN)

SCHWIERIGKEITSGRAD: *mittel*

DAUER VORBEREITUNG: *105 Minuten*

DAUER FERTIGSTELLUNG: *20 Minuten*

ZUTATEN TEIG
150 g Roggenmehl
100 g Weizenmehl W 480
1 Ei
50–60 ml lauwarmes Wasser
1 EL Öl

ZUTATEN FÜLLE
300 g frische Brennnessel
50 g Zwiebeln, geschält, fein geschnitten
½ Knoblauchzehe, geschält, fein gehackt
1 EL Butter
100 g Schafricotta oder Topfen
1 EL Parmesan, gerieben
1 Msp. Muskatnuss
Salz
Pfeffer aus der Mühle

2 EL Parmesan, gerieben
Schnittlauch, fein geschnitten
50 g Butter

ZUBEREITUNG KRAPFENTEIG
- Roggen- und Weizenmehl versieben und kranzförmig auf ein Nudelbrett oder die Arbeitsfläche geben. Ei mit lauwarmem Wasser und Öl verquirlen und in die Mitte des Mehlkranzes gießen. Von innen nach außen zu einem glatten Teig verkneten.
- Den Teig zugedeckt 30 Minuten ruhen lassen

ZUBEREITUNG FÜLLE
- Die Brennnessel in gesalzenem Wasser blanchieren und in gesalzenem Eiswasser abschrecken. Abseihen und gut ausdrücken; das ergibt 150 g blanchierte Brennnessel. Diese fein hacken. Zwiebel und Knoblauch in Butter dünsten, die Brennnessel dazugeben und untermischen und kurz überkühlen.
- Den Ricotta und den Parmesan gleichmäßig untermischen; mit Salz, Pfeffer und Muskatnuss gut abschmecken.

FERTIGSTELLUNG
- Den Teig von Hand oder mit einer Nudelmaschine dünn ausrollen und möglichst rasch verarbeiten, damit er nicht austrocknet. Mit einem glatten Ausstecher (circa 6 Zentimeter Durchmesser) Kreise ausstechen, mit einem Löffel oder Dressierbeutel jeweils ein Häufchen Fülle in die Mitte setzen.
- Den Rand mit Wasser anfeuchten und gleich zu Halbmonden verschließen und die Ränder mit den Fingern andrücken. Die Schlutzkrapfen in gesalzenem Wasser 3 Minuten kochen, mit einer Schaumkelle herausheben und auf vorgewärmten Tellern anrichten. Mit geriebenem Parmesan und Schnittlauch bestreuen und mit geschmolzener Butter übergießen

Die Schlutzkrapfen können auch mit Spinat statt Brennnesseln gefüllt werden. Sehr gut schmecken auch geröstete Steinpilze oder Eierschwammerl in der Fülle.

DIE FALSTAFF-WEIN-EMPFEHLUNG

Alois Lageder
2018 Löwengang Chardonnay
Weinberg Dolomiten IGT
93 Falstaff-Punkte
Funkelndes Strohgelb mit einem Tupfen Hellgold. Duftet in der Nase nach Kokosflocken, reifem Steinobst, Mango, Banane und kandierter Ananas.
aloislageder.eu

REHRÜCKEN MIT TOPINAMBUR

(FÜR 4 PERSONEN)

SCHWIERIGKEITSGRAD: *mittel*

DAUER VORBEREITUNG: *4 Stunden*

DAUER FERTIGSTELLUNG: *20 Minuten*

ZUTATEN REHRÜCKEN
½ Rehrücken (1,2 kg mit Knochen)
oder Rehnuss (600 g)
2 EL Mandelöl
1 EL Butter
½ Knoblauchzehe
1 Zweig Zitronenthymian
1 Salbeiblatt
2 Wacholderbeeren, zerdrückt
Schwarzer Pfeffer aus der Mühle
Salz
Fleur de Sel

ZUTATEN WILDSAUCE
1 kg Wildknochen und Wildfleischabschnitte
50 g Speckreste
300 g Zwiebel, geschält, in Stücken
60 g Knollensellerie, geschält, in Stücken
50 g Stangensellerie, in Stücken
4 EL Öl
100 g Tomatenabschnitte oder gute Pelati aus der Dose
¼ l kräftiger Rotwein (Lagrein)
⅛ l roter Portwein
1 EL Cassislikör
1 EL Brombeeressig
2 l brauner Wildfond
oder dunkler Kalbsfond
1 EL getrocknete Steinpilze (in kaltem Wasser eingeweicht)
1 Thymianzweig
1 Rosmarinzweig
3 Salbeiblätter
1 kleines Lorbeerblatt
4 Pfefferkörner, zerdrückt
1 EL Wacholderbeeren, grob gehackt
Speisestärke zum Binden der Sauce
30 g kalte Butter zum Verfeinern

ZUTATEN ROTWEIN MALZGLACE
50 ml kräftiger Rotwein
50 ml roter Portwein
1 TL Malzpulver
½ TL Apfelbalsamessig

ZUTATEN GEBRATENE TOPINAMBURCREME
150 g Topinambur, gut gewaschen
1 TL Zucker
100 ml Wasser
50 ml Obers
Apfelessig
Salz

ZUTATEN GESCHMORTER TOPINAMBUR
200 g Topinambur, gut gewaschen
Grobes Meersalz
20 g Speck, fein geschnitten und geröstet
1 EL Petersilie, fein geschnitten
Pfeffer schwarz
Salz

ZUTATEN PILZE
100 g kleine Eierschwammerl, geputzt
1 EL Schalotte, fein geschnitten
1 TL Petersilie, fein gehackt
Salz, Pfeffer aus der Mühle
3 EL geräucherte Mandeln

ZUBEREITUNG REHRÜCKEN
- Die Rückenkarrees von den Knochen auslösen, von Sehnen und Silberhäutchen befreien und mit dem Mandelöl marinieren. Kühl stellen.

ZUBEREITUNG REHSAUCE
- Die Knochen und Fleischabschnitte mit den Speckresten in Öl in einem großen Topf schön bräunen. Erst die Zwiebel-, dann die Karotten- und Selleriestücke dazugeben und mitrösten. Das überschüssige Öl abgießen, die Tomaten dazugeben und eine Weile mitdünsten. Mit Rotwein, Portwein, Cassis und Brombeeressig dreimal ablöschen und jedesmal einkochen lassen. Mit dem Wild- oder Kalbsfond aufgießen und für 3 Stunden kōcheln. Den Schaum und das nach oben steigende Fett regelmäßig abschöpfen.
- 15 Minuten vor Ende der Kochzeit die Gewürze, Kräuter, eingeweichten Pilze und Pilzwasser dazugeben. Durch ein großes, feines Sieb seihen und anschließend bei großer Hitze einreduzieren. Wenn der Geschmack intensiv genug ist, mit Salz und Pfeffer abschmecken und in etwas Wasser angerührte Speisestärke einkochen und noch einmal durch ein feines Sieb seihen.

ZUBEREITUNG ROTWEIN-MALZGLACE
- Den Rotwein und Portwein stark einkochen und mit dem Malzpulver und Apfelbalsamessig abschmecken. Sollte im warmen Zustand honigartige Konsistenz haben.

ZUBEREITUNG GEBRATENE TOPINAMBURCRÈME
- In einem Topf den Zucker braun karamellisieren, den Topinambur würfeln und dazugeben, kurz mitdünsten und dann mit Wasser ablöschen. Zugedeckt weichdünsten. In einem Cutter oder mit dem Stabmixer mit dem Obers fein pürieren. Mit Salz und Apfelessig abschmecken.

ZUBEREITUNG GESCHMORTER TOPINAMBUR
- Den Topinambur bei 160 °C Heißluft 45 Minuten backen. Überkühlen, halbieren und das Fruchtfleisch mit einem Löffel ausschaben. Diese Stücke mit der gehackten Petersilie und dem gerösteten Speck mischen.
- Die ausgehöhlten Schalen erst in der Restwärme des Ofens antrocknen und bei 190 °C knusprig frittieren.

ZUBEREITUNG EIERSCHWAMMERL
- Die Schalotten in Butter anlaufen lassen, die Eierschwammerl dazugeben, salzen, pfeffern, kurz dünsten und mit gehackter Petersilie bestreuen.

FERTIGSTELLUNG
- Topinamburbeilagen und die Eierschwammerl warm stellen, die Sauce aufkochen, kalte Butterflocken zur Bindung einrühren und von der Hitze nehmen.
- Derweil die Rehrückenstücke salzen, pfeffern und in heißem Öl rasch einer Pfanne anbraten. Im 160 °C heißen Rohr für 8 Minuten ziehen lassen. In einer Pfanne Knoblauch, Zitronenthymian und Salbei in Butter aufschäumen lassen und darin die Karrees rundherum arrosieren. Auf einem vorgewärmten Teller, mit der Butter übergossen, zugedeckt mit Alufolie weitere 5 Minuten rasten lassen.
- Die Fleischstücke portionieren, mit der Malzglace einpinseln und mit Zitronenthymianblättern, Fleur de Sel sowie fein geriebenen Rauchmandeln bestreuen.

Mit den Beilagen anrichten; die Sauce angießen und mit den knusprigen Topinamburschalen fertigstellen.

DIE FALSTAFF-WEIN-EMPFEHLUNG

Alois Lageder
2018 Lagrein Riserva
Südtirol DOC
91 Falstaff-Punkte
Dunkel leuchtendes Rubingranat mit Purpurakzenten. Öffnet sich mit ausgeprägten satten Fruchtnuancen, nach reifen Pflaumen und Holunderbeeren, dazu Gewürznelken, etwas Zimt und zarter Rauch.
aloislageder.eu

SAUERRAHM-SCHMARRN

(FÜR 4 PERSONEN)

SCHWIERIGKEITSGRAD: *mittel*

DAUER VORBEREITUNG: *30 Min + 12 Std.*

DAUER FERTIGSTELLUNG: *30 Minuten*

ZUTATEN SCHMARRN
150 g Sauerrahm
50 ml Schlagobers
2 Eigelb
50 g Mehl glatt W 480
1 Msp. Zitronenschale, gerieben
½ Vanilleschote oder Vanillezucker
2 Eiweiß
1 Prise Salz
30 g Zucker

ZUTATEN BUCHWEIZENCRÈMEEIS
80 g Buchweizenmehl grob
30 g Haferflocken
500 ml Milch
20 g Zucker zu Karamell
80 g Zucker
4 Eigelb
140 ml Schlagobers
1 Msp. Zitronenschale, gerieben
½ Vanilleschote oder Vanillezucker
1 Prise Salz

ZUTATEN ERDBEERSAUCE
100 g Erdbeeren
2 EL Staubzucker, je nach Süße der Früchte
1 Spritzer Zitronensaft

ZUTATEN ERDBEEREN
200 g Erdbeeren
20 g Staubzucker
1 EL Orangenlikör
Spritzer Zitronensaft

Butter zum Ausstreichen der Formen
Minze
Staubzucker

DIE FALSTAFF-WEIN-EMPFEHLUNG

Alois Lageder
Gewürztraminer am Sand
Südtirol DOC 2018
90 Falstaff-Punkte
Leuchtendes Hellgold. In der Nase nach frisch geriebenen Zitronenzesten, leicht nach Siegellack, gelbe Frucht. Am Gaumen stahlig und klar, vermisst etwas seine Frucht, zartes Tannin, Salz.
aloislageder.eu

ZUBEREITUNG BUCHWEIZENCRÈMEEIS
- Buchweizen und Haferflocken trocken in einer Pfanne rösten, zur Milch geben und über Nacht im Kühlschrank ziehen lassen. In einem Topf Zucker hellbraun karamellisieren, die Buchweizenmilch durch ein Sieb dazugießen – das Getreide gut ausdrücken; den restlichen Zucker, Vanille und Zitronenzeste dazugeben und aufkochen.
- Die Eigelb in einen Topf geben und unter ständigem Rühren die Milch dazugießen und auf dem Herd zur Rose – auf 82 °C erhitzen – abziehen, wenn die Masse anzuziehen beginnt augenblicklich durch ein Sieb in einen weiteren Behälter umgießen. Im Kühlschrank zugedeckt für mindestens 6 Stunden reifen lassen und anschließend in einer Eismaschine frieren.

ZUBEREITUNG ERDBEERSAUCE
- Die Früchte waschen, zuputzen und mit Staubzucker und Zitronensaft pürieren und durch ein feines Sieb passieren.

ZUBEREITUNG ERDBEEREN
- Die Erdbeeren waschen, grüne Enden entfernen und in serviergerechte Stücke schneiden. Mit dem Staubzucker, Orangenlikör und Zitronensaft marinieren.

ZUBEREITUNG SCHMARREN
- Formen mit 8 cm Durchmesser mit Butter ausstreichen. Das Backrohr auf 180 °C vorheizen
- Sauerrahm, Obers und Eigelb glatt verrühren, Zitronenschale, ausgekratztes Vanillemark und Mehl unterrühren. Die Eiweiß mit einer Prise Salz erst halbsteif schlagen, Zucker dazugeben, dann zu steifem Schnee schlagen. Vorsichtig unter die Sauerrahmmasse heben und zwei cm hoch in die gebutterten Formen füllen.
- Bei 180 °C für 8 Minuten backen. Mit den marinierten Erdbeeren, der Erdbeersauce und dem Buchweizencrèmeeis anrichten. Minzeblättchen und Staubzucker fürs Finish.

Anstelle der Erdbeeren können auch eingelegte Kirschen, Marillen oder Pflaumen verwendet werden.

98 Prozent DOC-Qualitätsweine auf über 5000 Hektar – Südtirol hat sich als hochwertige Weinbauregion etabliert. Weiße Burgundersorten und Pinot Noir reifen besonders gut in der Höhenluft. Dem Klimawandel begegnet man mit unterschiedlichen Strategien.

HOHE LAGEN MIT GR

Südtiroler Terroir:
Sortenvielfalt zwischen
250 und 1300 Höhenmetern.

OSSER ZUKUNFT

»Wir setzen uns ein für den Aufbau und Erhalt eines natürlichen Kreislaufs. Auch die Arbeit in unserem Keller erfolgt nach den strengen Richtlinien von Demeter Italien.«

»Alle Einflüsse sind untrennbar miteinander verbunden und drücken sich in Qualität und Eigenart unserer Weine aus.«

FAMILIE LAGEDER

Südtirol ist ein Weinbaugebiet, das einige Alleinstellungsmerkmale aufweist. Das durchgehend hohe Qualitätsniveau – der (kleinen) Größe sowie dem ausgeprägten Qualitätsbewusstsein der Winzer geschuldet, Lagen zwischen 250 und 1300 Metern, schließlich die daraus resultierende Sorten- und Ausbauvielfalt. Der Familienbetrieb Lageder macht sich diese »Naturtalente« seit knapp 200 Jahren zunutze.

BIODYNAMISCHE WEITERENTWICKLUNG

Es war anno 1823, als der Handwerksbursche Alois Lageder in Bozen mit dem Weinhandel begann. Seine Nachfolger erwarben eigene Weinberge, wo sie sogleich ihre eigenen Weine kelterten. Alois III, Urenkel des Gründers, erwarb 1934 in Margreid das Weingut Ansitz Löwengang, in dessen Umgebung er eigene Keltern errichtete und bald die Trauben umliegender Weinbauern verarbeitete. Heute führt Alois Clemens Lageder das Familienunternehmen mit der fünften und sechsten Generation.

Bereits 1990 wurden die eigenen Weinberge Schritt für Schritt auf biologisch-dynamische Wirtschaft umgestellt. Aus dieser organisch gewachsenen Historie leitet sich auch das heutige Sortiment ab:

- Klassische Rebsorten: Jede dieser klassischen Rebsorten soll in ihrem besten Ausdruck die Vielfalt Südtirols hervorheben. Die Zusammenarbeit mit

Tiere »arbeiten« nicht nur im Weinberg, sie unterstützen die Diversität und Artenvielfalt.

Winzerpartnern steht für diese Weine im Vordergrund.

- Kompositionen: Verwendung unterschiedlicher Methoden im Ausbau oder Trauben aus kontrastierenden Parzellen
- Meisterwerke: Perfektion in jedem Detail
- Kometen: Experimentierfreude, Innovation und das Ausreizen von Grenzen

Wie in vielen Weinbaugebieten ist der Klimawandel die größte Herausforderung der heutigen sowie künftigen Generationen.

STRATEGIEN FÜR DIE ZUKUNFT

Bereits vor 30 Jahren haben die Südtiroler Strategien entwickelt, mit den steigenden Temperaturen umzugehen. Etwa auf höhere Lagen ausweichen, was freilich auch eines Tages an natürliche Grenzen stößt. Eine weitere Möglichkeit: Anbau von Rebsorten aus südlichen Weinbaugebieten Europas wie beim FÓRRA Manzoni Bianco. Seit 2009 liefert diese Kreuzung aus Riesling und Weißburgunder unter verschiedensten Bedingungen hervorragende Ergebnisse.

Die dritte Option, der vermehrte Ausbau auf Schalen und Stängeln, wurde mit dem PORER Pinot Grigio erfolgreich auf die Flasche gebracht. Ein Teil der Trauben wird sofort gepresst, ein weiterer bleibt für 15 Stunden in Kontakt mit den Schalen, wiederum ein anderer Teil pflegt rund ein Jahr Kontakt mit Stängeln und Schalen. Dadurch werden die Gerbstoffe im Wein erhöht, Spannung und Frische des Weines profitieren. Für die Zukunft ist man hier in Südtirol dank Terroir und Innovationskraft bestens gerüstet.

Alois Lageder
Tòr Löwengang
I-39040 Margreid an der Weinstraße
Magrè sulla Strada del Vino
aloislageder.eu

LOMBARDEI

Die Küche der Lombardei ist eine der kleinen Regionalküchen. Das Kotelett und der Risotto nach Mailänder Art, Vitello tonnato, Ossobuco, Bresaola und Torrone haben sich von hier aus in die kulinarische Welt aufgemacht. Und der Campari aus Mailand.

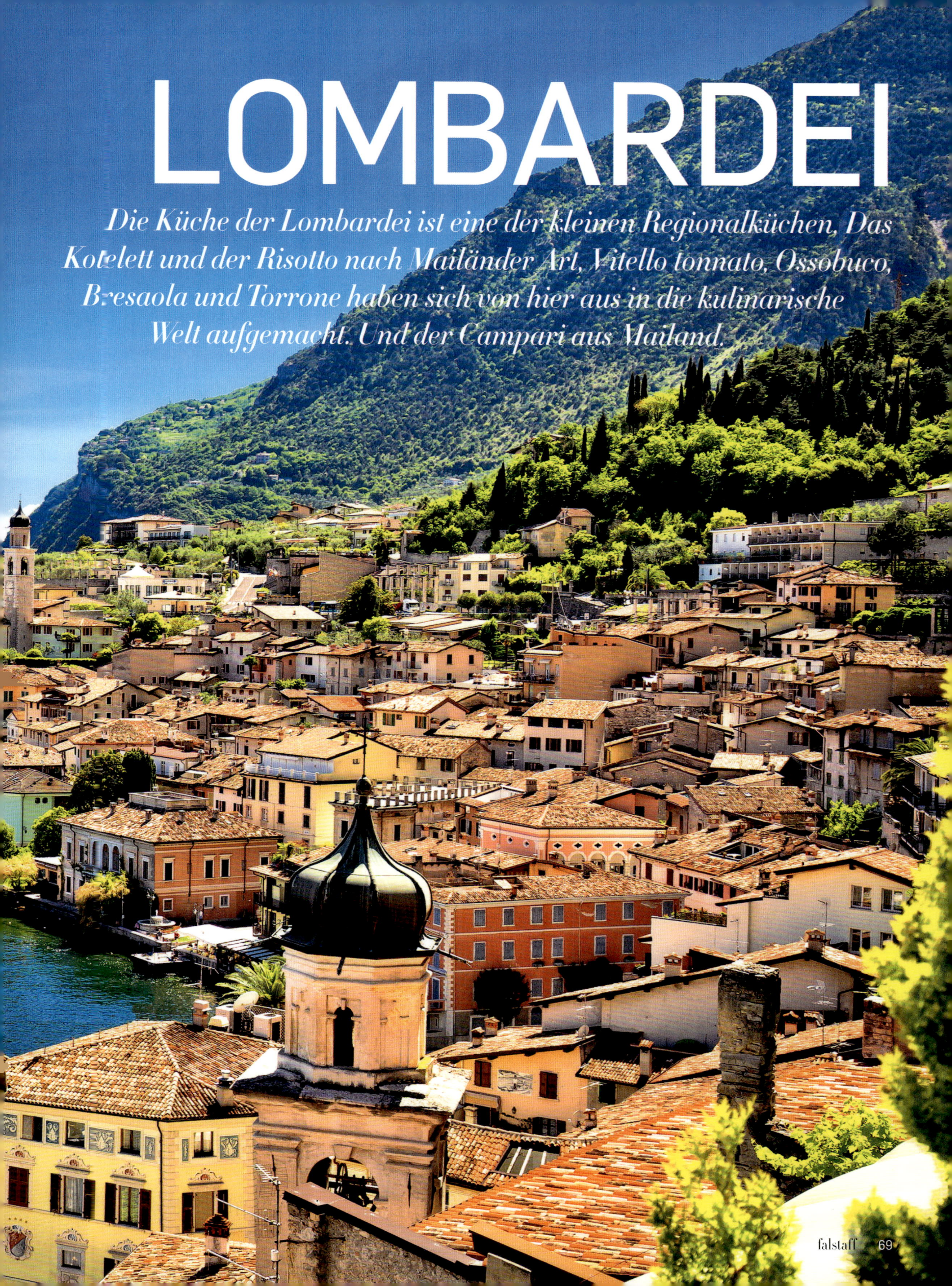

Dal Pescatore
Santini
Dal Pescatore
Santini

NADIA SANTINI

Chefköchin im »Dal Pescatore«

Eigentlich wollte sie gar keine Köchin werden. Sie studierte einige Zeit in Mailand und besuchte während ihrer Flitterwochen mit ihrem Mann Antonio einige Gourmetrestaurants. Dies inspirierte sie so sehr, dass sie 1974 eine Kochausbildung begann. Sie lernte das Kochen allerdings nicht bei berühmten Starköchen, sondern bei der Großmutter ihres Ehemanns. In der Folge übernahm Santini die Küchenleitung im Familienrestaurant »Dal Pescatore« im italienischen Ort Canneto sull'Oglio südlich des Gardasees.

1996 erhielt sie als erste Italienerin drei Michelin-Sterne. 2013 bekam sie sogar in der Liste »World's 50 Best Restaurants« den Titel »Best Female Chef« verliehen und wurde damit zur weltbesten Köchin des Jahres gekürt. Eine Auszeichnung, die davor so prominente Starköchinnen wie Elena Arzak vom weltbekannten Restaurant »Arzak« im spanischen San Sebastián und Anne-Sophie Pic vom Restaurant »Maison Pic« im französischen Valence erhalten hatten. Eine Karriere als Köchin, wie sie selten ist.

DAL PESCATORE

Als die Großeltern von Antonio Santini 1926 das »Dal Pescatore« eröffneten, war es nur ein kleiner Familiengasthof. Heute zählt das Lokal zwischen Cremona und Mantua, im Naturpark Oglio, mit drei Michelin-Sternen zu den bekanntesten italienischen Restaurants.

REIS-FIEBER

In der Lombardei gibt es viele Reisgerichte, der Klassiker kommt aus der Hauptstadt und heißt »Risotto alla Milanese«. Wie die perfekte Harmonie zwischen Reis, Safran und Parmesan geschaffen wird, zeigt uns Starköchin Nadia Santini. Und noch einiges mehr.

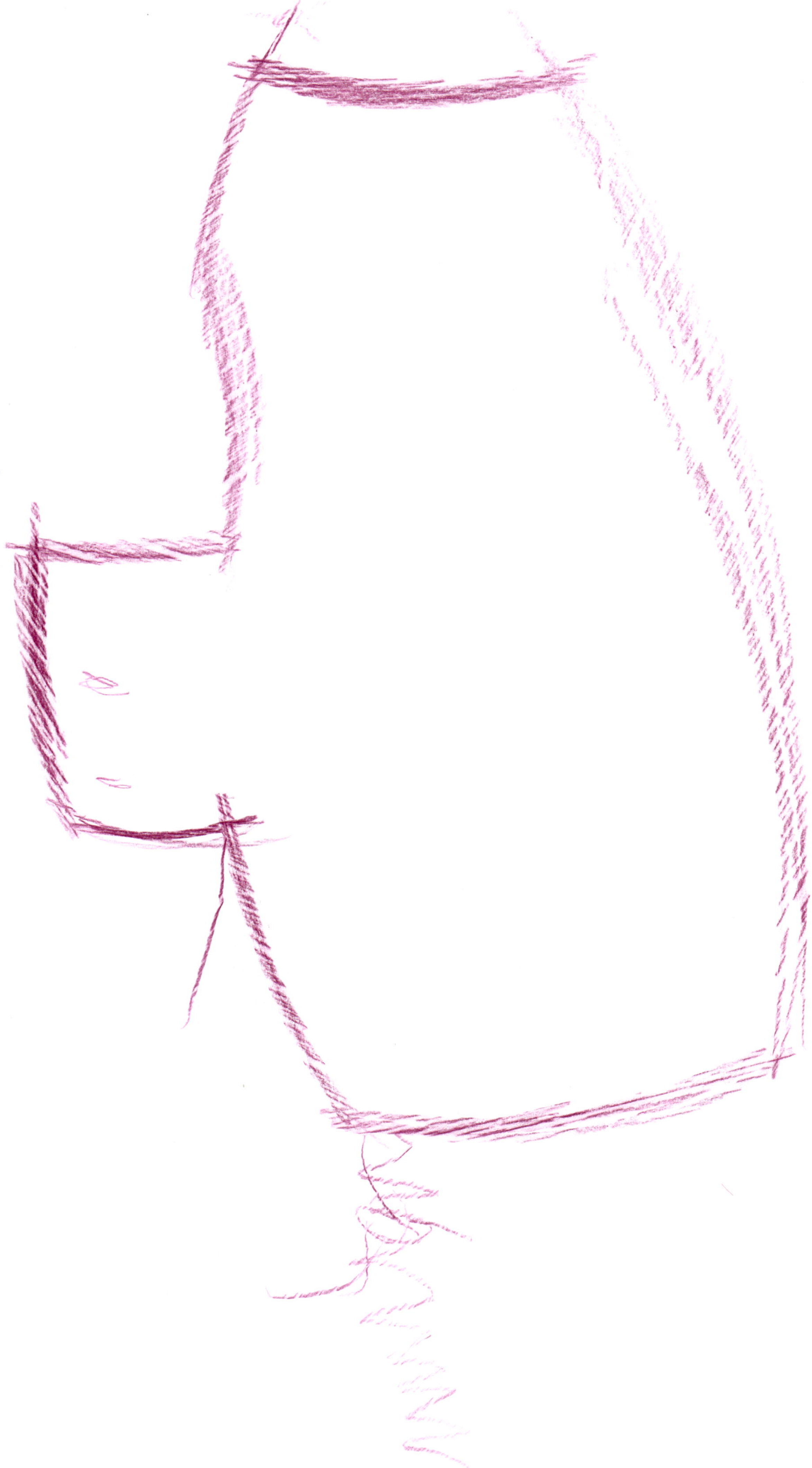

RISOTTO ALLA MILANESE

SAFRANRISOTTO

(FÜR 4 PERSONEN)

SCHWIERIGKEITSGRAD: *mittel*

DAUER VORBEREITUNG: *20 Minuten*

DAUER FERTIGSTELLUNG: *45 Minuten*

ZUTATEN ARTISCHOCKEN

2 Artischocken
1 Rosmarinzweig
3 EL Butter
Salz

ZUTATEN RISOTTO

250 g Risottoreis, Vialone Nano
60 g Butter
1 kleine Zwiebel, geschält
1,5 l Rindssuppe, heiß
½ TL Safranfäden
2 TL Parmesan, gerieben

ARTISCHOCKEN

- Die äußeren Artischockenblätter abzupfen und die Artischocken längs halbieren. Das Heu in der Mitte der Blüte entfernen und auf einer Mandoline aus der Artischockenhälfte feine Scheiben hobeln.
- Die Butter in einer Pfanne schmelzen, die Rosmarinnadeln dazugeben und darin die gehobelten Artischockenscheiben knusprig braten.

RISOTTO

- Die Zwiebel in Ringe schneiden und in der Hälfte der Butter in einer Sauteuse sanft anlaufen lassen. Die Zwiebel wieder aus der Butter entfernen und den Reis auf einmal dazugeben. Unter Rühren leicht anbraten. Den Reis nach und nach mit heißer Suppe angießen; dabei ständig rühren.
- Die Safranfäden in einer separaten Schüssel mit etwas kochender Suppe aufgießen und gegen Ende der Garzeit in den Reis einrühren. Zum Schluss den Risotto mit dem Parmesan und der restlichen Butter finalisieren. Falls nötig mit etwas Salz fertig abschmecken.

ANRICHTEN

Mit den knusprigen Artischockenscheiben als »Krönung« anrichten.

DIE FALSTAFF-WEIN-EMPFEHLUNG

Zenato
2020 S. Cristina Lugana DOC
90 Falstaff-Punkte

Der Wein leuchtet im Glas mit seiner strohgelben Farbe. Sein facettenreiches Bouquet ist aromatisch, frisch und fruchtig, mit Noten von Trauben, Pfirsich, Zitrone, Grapefruit und einem Hauch von Ananas, der ihm einen tropischen Charakter verleiht.
zenato.it

TORTELLI DI ZUCCA
KÜRBISTORTELLI

(FÜR 4 PERSONEN)

SCHWIERIGKEITSGRAD: *mittel*

DAUER VORBEREITUNG: *105 Minuten*

DAUER FERTIGSTELLUNG: *20 Minuten*

ZUTATEN KÜRBIS
150 g Kürbis, Piena di Napoli oder Hokkaido
60 g Butter
Salz
Zucker

ZUTATEN FÜLLE
100 g Kürbispüree
20 Stück Amarettini gehackt
50 g Senffrüchte gehackt
15 g Parmesan gerieben
Salz
Pfeffer, gemahlen
Muskatnuss, gemahlen
Nelken, gemahlen
Zimt, gemahlen

ZUTATEN PASTATEIG
120 g Mehl glatt W480
4 Eigelb

ZUM ANRICHTEN
Butter
Parmesan

ZUBEREITUNG KÜRBISMASSE
- Die Kürbisstücke für rund 25 Minuten in gesalzenem Wasser weich kochen, bis sie die Konsistenz von gekochten Erdäpfeln haben. Abseihen und die Schale wegschneiden. Mit der Gabel zerdrücken oder durch die Flotte Lotte passieren. Mit Zucker und Salz abschmecken.

ZUBEREITUNG FÜLLE
- Das Kürbispüree, die Amarettini, die Senffrüchte und den Parmesan mischen; dabei schön würzig abschmecken. Kalt stellen.

ZUBEREITUNG PASTATEIG
- Aus dem Mehl und den Eigelb einen homogenen, nicht zu festen Pastateig kneten und zugedeckt im Kühlschrank mindestens 15 Minuten ruhen lassen.
- Mit einem Nudelholz oder einer Pastamaschine gleichmäßige Nudelblätter ausrollen und daraus Quadrate mit 8 Zentimeter Seitenlänge schneiden. Jeweils in die Mitte einen halben Esslöffel von der Fülle geben, diagonal zuklappen und die Ränder gut verschließen.
- In kochendem Salzwasser 5 Minuten kochen und mit zerlassener Butter und geriebenem Parmesan servieren.

DIE FALSTAFF-WEIN-EMPFEHLUNG

Zenato
Lugana Doc Riserva
93 Falstaff-Punkte
Die Trauben des Weins stammen von den ältesten Rebstöcken des Weinguts Podere Massoni. Der Wein zeigt in der Nase intensive, vielschichtige Aromen mit Noten von Blumen und Zitrusfrüchten, Gewürzen, weißen Pflaumen und Vanille.
zenato.it

LUMACHE CON PORCINI

SCHNECKEN MIT STEINPILZEN

(FÜR 4 PERSONEN)

SCHWIERIGKEITSGRAD: *mittel*

DAUER VORBEREITUNG: *120 Minuten*

DAUER FERTIGSTELLUNG *15 Minuten*

ZUTATEN

80 Stück Weinbergschnecken, Petit gris, gehältert; oder bereits küchenfertig vorbereitet
110 g Butter
2 kleine Zwiebeln
1 Selleriestange
1 kleine Karotte
1 kleiner Bund Petersil
Maisstärke
250 ml Gemüse- oder Rindssuppe
100 ml Wasser
2 Stück Schnittknoblauch (Wurzelknolle und Knoblauchgrün)
1 Rosmarinzweig
4 mittelgroße Steinpilze
Salz
Pfeffer

ZUBEREITUNG

- Die Schnecken im Gehäuse in einem großen Topf mit kochendem Wasser für 20 Minuten kochen, abgießen und unter fließendem Wasser abschrecken. Mit einer Gabel das Schneckenfleisch aus den Gehäusen ziehen und den dunklen Eingeweidesack am Ende wegschneiden und entsorgen. Um die Schleimschicht zu entfernen, das Schnecken-Muskelfleisch mit Maisstärke und Salz einreiben und mit reichlich kaltem Wasser gut abspülen.
- In einer Pfanne 2 EL Butter schmelzen und darin 1 ½ Zwiebeln in kleinen Würfeln, eine fein gehackte halbe Selleriestange und die Karotte anlaufen lassen. 1 ½ Knoblauchzehen fein hacken und zusammen mit den Schnecken dazugeben. Mit ⅔ der Suppe aufgießen und zugedeckt gut 15 Minuten dünsten.
- Währenddessen die übrige halbe Zwiebel und Sellerie mit dem restlichen Fond aufkochen; die Petersilblätter, den restlichen halben Schnittknoblauch und 2 EL Butter hinzufügen und das Ganze mit einem Mixer homogen aufmixen, abseihen und mit Salz und Pfeffer abschmecken, warm stellen.
- Die Steinpilze längs in knapp 1 cm dicke Scheiben schneiden und unmittelbar vor dem Servieren mit dem Rosmarin in Butter braten, salzen.
- Die Schnecken, die Steinpilze und die Petersilsauce anrichten.

DIE FALSTAFF-WEIN-EMPFEHLUNG

Zenato
Alanera Rosso IGT
Aromen von getrockneten und frischen Kirschen, Kaffee und süßem Tabak, unterstützt von frischer Säure und weichen Tanninen. Ein vollmundiger Corvina, würzig, mit einem mineralischen Geschmack.
zenato.it

ROMBO CON CAPPERI DI SALINA

STEINBUTT MIT SALINA-KAPERN

(FÜR 4 PERSONEN)

SCHWIERIGKEITSGRAD: *mittel*

DAUER VORBEREITUNG: *75 Minuten*

DAUER FERTIGSTELLUNG: *15 Minuten*

ZUTATEN
600 g Steinbuttfilet, aufgeteilt in
4 Portionen à 150 g
½ Zitrone
1 Selleriestange
½ Fenchelknolle
Salz
Wasser

ZUTATEN SAUCE
50 g Petersilblätter, gewaschen und gezupft
1 TL Salina-Kapern, gewaschen, gewässert und abgetropft
1 Knoblauchzehe
1 Sardelle
Olivenöl extra vergine vom Gardasee

Polenta fertig gekocht zum Anbraten
Grüner Radicchio

ZUBEREITUNG STEINBUTT
- Sellerie und Fenchel in 3 cm große Stücke schneiden, zusammen mit den Fischfilets, Salz und kaltem Wasser in einen großen Topf geben. Aufkochen lassen, von der Hitze nehmen und auskühlen lassen, bis sie lauwarm sind.

ZUBEREITUNG SAUCE
- Petersil und Knoblauch fein hacken, die Kapern und die Sardelle ebenfalls. Das Ganze in einen Topf geben, mit Olivenöl bedecken und erhitzen. Sobald es heiß geworden ist, gleich in eine Sauciere umgießen, um den Garvorgang zu stoppen.

ANRICHTEN
Mit gebratener Polenta und in feine Streifen geschnittenem grünen Radicchio anrichten.

DIE FALSTAFF-WEIN-EMPFEHLUNG

Zenato
Lugana Doc Metedo Classico Brut
91 Falstaff-Punkte
Helles Strohgelb mit brillanter Perlage. Duftige Nase nach satter Ananas, Zitronenzesten und feiner Würze. Am Gaumen satt und vollmundig, breitet sich mit angenehmer Perlage aus, gut integriertes Säurespiel, stimmig in Ansatz und Verlauf, lange.
zenato.it

MACARON DI ANANAS

ANANAS-MACARONI

(FÜR 4 PERSONEN)

SCHWIERIGKEITSGRAD: *mittel*

DAUER VORBEREITUNG: *45 Minuten*

DAUER ZUBEREITUNG: *20 Minuten*

ZUTATEN FÜLLUNG
80 ml Schlagobers
1 EL Vanillezucker
1 Vanilleschote

›MACARONI‹
⅓ Ananas geschält
2 Pfirsiche
50 g Himbeeren
Staubzucker
Zitronensaft
Minzespitzen

KARAMELLFÄDEN
40 g Zucker

ZUBEREITUNG FÜLLUNG
- Die Vanilleschote längs halbieren, das Mark auskratzen und zusammen mit dem Schlagobers und Vanillezucker in eine Schüssel geben.
- Das Ganze steif aufschlagen, in einen Dressierbeutel füllen und kühl stellen.

ZUBEREITUNG ›MACARONI‹
- Die Ananas grob quadratisch zuparieren und mit einer Aufschnittmaschine 2–3 mm dicke Scheiben schneiden. Diese Scheiben einmal halbieren und zu Zylindern rollen. Aus den Pfirsichen kleine Spalten schneiden. Die Himbeeren mit ein wenig Staubzucker und einem Spritzer Zitronensaft zu einer Sauce mixen; diese durch ein feines Sieb passieren.

ZUBEREITUNG KARAMELLFÄDEN
- Den Zucker in einer Sauteuse hellbraun karamellisieren und mithilfe eines Messers, das man in das Karamell dippt und gleich wieder herauszieht, dünne Zuckerfäden herstellen. Wenn diese nicht umgehend verwendet werden, in einer luftdichten Frischhaltdose (idealerweise mit einem Päckchen Silicagel) bis zur Verwendung trocken lagern.

ANRICHTEN
Die Ananaszylinder auf dem Teller im Kreis arrangieren, das Vanilleobers mit Hilfe des Dressiersackes vorsichtig eindressieren. Mit den Pfirsichspalten, den Minzespitzen, der Himbeersauce und den Karamellfäden fertigstellen.

DIE FALSTAFF-WEIN-EMPFEHLUNG

Zenato
Rigoletto Veneto Passito IGT
Goldgelb bis blass bernsteinfarben. Das Bouquet ist intensiv mit feinen blumigen Noten und Anklängen an Bienenwachs und Vanille. Geschmack: gute Tiefe, ausgewogen, mit ausgezeichneter aromatischer Persistenz.
zenato.it

ZENATO: DIE VIELFALT DER LOMBARDEI

Im Luganagebiet produzieren sie ihre berühmten leichtfüßigen Weißweine, in der Valpolicella mächtige Amarone. Alle Weine bürgen für die etablierte Zenato-Qualität: Leidenschaft und Liebe für ihr Gebiet und für autochthone Sorten.

Familie Zenato:
60 Jahre Erfolg durch Qualitätsoffensive und gezielte Förderung autochthoner Sorten.

ZENATO

Im Süden des Gardasees herrschen ideale Bedingungen für den Lugana. Er wird zu 100 Prozent aus Trebbiano di Lugana gekeltert.

Exportschlager: Der Lugana wird heutzutage in 60 Länder exportiert.

Die Seele von Lugana und das Herz der Valpolicella«, fasst die Familie Zenato gerne ihr Engagement in den beiden so renommierten wie unterschiedlichen Weinbaugebieten Italiens zusammen. Die Geschichte der Weinbaufamilie Zenato beginnt 1960, als Sergio Zenato und seine Frau Carla ihr gleichnamiges Unternehmen nahe dem malerischen Gardasee in Peschiera gründen. Aus der autochthonen Rebsorte Trebbiano di Lugana wurde einst ein einfacher Tafelwein gekeltert, heute zählt der Lugana auch dank dem Engagement der Familie Zenato zu den erfolgreichsten Weißweinen der Welt, der in mehr als 60 Länder exportiert wird.

LUGANA: STILLWEINE, RISERVA, SCHAUMWEINE

Das Lugana-Weinanbaugebiet liegt südlich des Gardasees, ein Teil im Veneto, ein Teil in der Lombardei. Ursprung des Lugana ist das kleine, heute als Badeort bekannte San Benedetto. Das Anbaugebiet in unmittelbarer Nähe des Gardasees läuft flach aus und weist hauptsächlich Lehmböden auf. Ein mildes, fast mediterranes Klima, durchlüftet von kühlen Brisen vom See, sorgt für perfekte Bedingungen für die Weinproduktion. So konnte sich der Lugana über die Jahre etablieren. Die Lugana-Weine von Zenato werden zu 100 Prozent aus der vielseitigen autochthonen Rebsorte Trebbiano di Lugana hergestellt. Nach dem Erfolg der weißen Stillweine wie des Lugana S. Benedetto und des Lugana S. Cristina begann die Familie Zenato mit der Herstellung zweier Schaumweine nach traditioneller Methode, nämlich des Lugana Metodo Classico Brut und des Lugana Metodo Classico Pas Dosé.

»1993«, so Sergio Zenatos Filius Alberto, »war unser erster Jahrgang, in dem wir uns entschlossen, mit der Vielseitigkeit und dem Alterungspotenzial des Trebbiano di Lugana zu experimentieren. Apropos Alterung: Auf dem

Etikett unseres Lugana Riserva Sergio Zenato – auf den wir sehr stolz sind! – wollte mein Vater unbedingt seine Unterschrift setzen, um die Werte, die wir als Familienunternehmen vertreten, nochmals zu unterstreichen.« Mit seinem vollen Geschmack, seiner Struktur, seiner Harmonie und seiner Vielschichtigkeit an Aromen besticht dieser Riserva jedes Jahr durch Intensität und Charakter.

LEICHTER VALPOLICELLA, MÄCHTIGER AMARONE

Neben den Weißweinen ist Zenato für die Herstellung von Rotweinen aus dem Veneto bekannt. Im Gebiet der Valpolicella Classico, genauer auf dem Weingut Costalunga, stehen auf 35 Hektar die typischen Sorten des Valpolicella: Corvina, Rondinella und Oseleta. Costalunga (»lange Küste«) hat seinen Namen von der besonderen Anordnung der Weinberge an den langen, von der Sonne verwöhnten Hängen. Es liegt auf 300 Meter über dem Meeresspiegel und wird von den Winden beeinflusst, die von den Lessini-Bergen zur Ebene hin abfallen. Die Beschaffenheit des Geländes und das Mikroklima innerhalb des Gebiets ermöglichen den Anbau verschiedener Rebsorten, welche Weine von höchster Qualität mit unterschiedlichen Eigenschaften hervorbringen: vom Valpolicella Superiore über den Ripassa Ripasso, den Amarone, den Amarone Riserva Sergio Zenato bis hin zum süßen Recioto. »Abgesehen vom Valpolicella Superiore werden unsere Rotweine nach der Appassimento-Methode hergestellt, bei der ganze Trauben von Hand gelesen und in eigens dafür vorgesehenen Räumen angetrocknet werden«, erklärt Alberto Zenato. »Die angetrockneten Trauben verleihen unseren Weinen mehr Körper, Textur und Würze mit unverwechselbarem Geschmack und Persönlichkeit. Unser Amarone hat einen klassischen Stil, er wird auf traditionelle Weise hergestellt.« Tatsächlich präsentiert er sich mit einer satt rubinroten Farbe, einer dunkelbeerigen, würzigen Nase sowie einem mächtigen, langen, fruchtigen Abgang als würdiger Vertreter eines der bekanntesten Rotweine Italiens.

Appassimento-Methode: Durch Handlese, aufwendiges Trocknen des wertvollen Traubenmaterials sowie mindestens vierjährige Reifung in slawonischer Eiche entsteht tiefgründiger Amarone.

Zenato Azienda Vitivinicola S.r.l.
Via San Benedetto, 8
37019 Peschiera del Garda (VR)
zenato.it

PIEMONT

Die Küche des Piemont gehört zu der besten Italiens. Und zu den bekanntesten: Trüffel, Reis, Haselnüsse, Grissini, Kirschen, außergewöhnliche Weine und die Slow-Food-Bewegung sind die berühmten Botschafter dieser Region.

PIAZZA DUOMO

ENRICO CRIPPA

Chefkoch im »Piazza Duomo«

Seit Enrico Crippa 2005 die Küchenleitung im damals neu eröffneten Restaurant »Piazza Duomo« im Zentrum von Alba übernommen hat, zählt er zur Kochelite Italiens. Crippa ist ein gnadenloser Perfektionist. Alle seine Gerichte sind stark personalisiert, niemals zu schwer, auf die besten Zutaten fokussiert und in aufwendiger Weise präsentiert.

Crippa wurde 1971 geboren und gilt heute als einer der einfallsreichsten Köche der »neuen Generation«. Beeinflusst wurde er unter anderem von Köchen wie dem französischen Starkoch Michel Bras und dem spanischen Avantgardisten Ferran Adrià. 1990 erhielt Crippa den ersten Platz im Wettbewerb »Concorso Artistico di Cucina« (Artistic Cooking), im Alter von 25 Jahren arbeitete er drei Jahre lang als Chefkoch in Japan, wo er ein tiefes Verständnis für die einfache und elegante Philosophie der japanischen Küche entwickelte. Sein berühmtes Signature-Gericht ist der Salat »21, 31, 41«, dessen Zutaten er auf seiner eigenen Gemüsefarm erntet.

PIAZZA DUOMO

Das »Piazza Duomo« steht im Eigentum der italienischen Winzerfamilie Ceretto, die das Etablissement 2005 in einem prachtvollen Haus direkt auf dem Domplatz von Alba errichten ließ. Drinnen, im ersten Stock, dominiert ein extravagantes Design mit rosa Wänden und viel Kunst.

Falstaff Rezept-Newsletter
Rezeptideen kostenlos
via E-Mail erhalten
go.falstaff.com/at-rezept-newsletter

EDLE KNOLLEN

In der kulinarischen Schatzkammer für Feinschmecker hat eine Knolle eine Hauptrolle: die Trüffel. Weiß im Herbst, etwas dunkler im Sommer ist sie der Inbegriff des Piemont. Auch einer der innovativsten Köche des Landes, Enrico Crippa, setzt sie perfekt in Szene.

AGNELLO E CAMOMILLA

LAMM UND KAMILLE

(FÜR 4 PERSONEN)

SCHWIERIGKEITSGRAD: *mittel*

DAUER VORBEREITUNG: *60 Minuten*

DAUER ZUBEREITUNG: *20 Minuten*

ZUTATEN LAMM

2 Stück Lammkarrees (ohne Knochen), zugeputzt
60 g Butter
100 ml Lammfond
Olivenöl
Salz

ZUTATEN ZIEGEN-MILCH-CREME

30 g Ziegenfrischkäse
15 ml Milch

ZUTATEN KOHLRABIVINAIGRETTE

10 junge Kohlrabiblätter
10 ml Condimento Bianco
20 ml Olivenöl
Salz
Weißer Pfeffer

ZUTATEN KAMILLENREDUKTION

10 g Kamillenblüten
100 ml Wasser
Prise Zucker
Maisstärke

ZUTATEN FERTIGSTELLUNG

Kamillenblüten, getrocknet und zu Pulver gemixt
Kleine Rote-Rüben-Blätter
Junge Löwenzahnblätter
Junge Schafgarbenblätter
½ Kohlrabi, geschält in Stifte geschnitten
½ Kohlrabi, fein gehobelt

ZUBEREITUNG LAMMKARREE

- Die zugeputzten Lammkarrees in einer Pfanne bei mittlerer Hitze in Olivenöl unter ständigem Wenden außen hellbraun braten. Die Hälfte der Butter hinzufügen und die Fleischstücke rundherum glacieren. Im Backrohr bei 60 °C rasten lassen.
- Die Kohlrabistifte ebenfalls zum Temperieren in den Ofen legen.
- Den Bratenrückstand mit dem Lammfond ablöschen und kurz köcheln lassen.

ZUBEREITUNG ZIEGEN-MILCH-CREME

- Den Ziegenfrischkäse mit der Milch glatt rühren.

ZUBEREITUNG KOHLRABIVINAIGRETTE

- Die Kohlrabiblätter mit dem Essig, Öl, Salz und Pfeffer glatt mixen; durch ein feines Sieb passieren.

ZUBEREITUNG KAMILLENREDUKTION

- Die Kamillenblüten mit 100 ml kochendem Wasser übergießen, 10 Minuten ziehen lassen und den Tee in eine Sauteuse abseihen; dabei die Blüten gut ausdrücken.
- Mit ein wenig Zucker aufkochen und mit einer Prise in Wasser verrührter Maisstärke binden.

ANRICHTEN

- Die Sauce aufkochen, von der Hitze ziehen und mit der restlichen Butter montieren.
- Je einen großzügigen Löffel Ziegen-Milch-Creme auf die vorgewärmten Teller geben, mit dem Kamillepuder bestreuen und 2 Scheiben Karree nebeneinander auflegen; dazu die leicht gesalzenen Kohlrabistifte anrichten.
- Die Rote-Rüben-Blätter, die Wildkräuter und die gehobelten Kohlrabispäne durch die Vinaigrette ziehen und auf und um das Lamm verteilen.
- Die Kamillenreduktion in »tausend« Punkten neben dem Fleisch am Teller anrichten; zum Schluss etwas Lammsauce angießen.

DIE FALSTAFF-WEIN-EMPFEHLUNG

Braida
Ai Suma Barbera d'Asti
Üppiges, reichhaltiges und komplexes Bukett mit zahlreichen Fruchtnoten und einem Hintergrund von Vanille-, Lakritz- und Kakaonoten. Voller, kräftiger Geschmack mit großer Struktur, aber gleichzeitig elegant und sinnlich, harmonisch und sehr anhaltend.
braida.it

CREMA DI PATATE
ERDÄPFELCRÈME

(FÜR 4 PERSONEN)

SCHWIERIGKEITSGRAD: *einfach*

DAUER VORBEREITUNG: *60 Minuten*

DAUER ZUBEREITUNG: *10 Minuten*

ZUTATEN ERDÄPFELCRÈME
400 g mehlige Erdäpfel
200 ml Schlagobers
100 ml Wasser
Salz

ZUTATEN LAPSANG-SUCHONG-WACHTELEIER
4 Wachteleier
6 g Lapsang-Suchong-Tee
500 ml Wasser

ZUTATEN ANRICHTEN
Muscovado-Zucker
Lapsang-Suchong-Tee fein gemahlen

ZUBEREITUNG LAPSANG-SUCHONG-WACHTELEIER
- Schwarztee kochen, 5 Minuten ziehen lassen, abseihen und kalt stellen.
- Die Wachteleier in warmem Wasser vortemperieren und in kochendem Wasser 2 Minuten 20 Sekunden kochen. Sofort in Eiswasser abschrecken. Die Eier vorsichtig schälen, indem man die Schale an einer Stelle mit einem spitzen Messer anritzt und sich von dort vorarbeitet.
- Die geschälten Eier in den Tee geben und über Nacht ziehen lassen.

ZUBEREITUNG ERDÄPFELCRÈME
- Die Erdäpfel kochen, noch heiß schälen und durch die Kartoffelpresse pressen.
- Mit dem Obers und dem Wasser aufkochen, mit dem Stabmixer kurz pürieren und durch ein Sieb passieren. Mit Salz abschmecken.

ZUBEREITUNG ANRICHTEN
- Die Wachteleier im Tee vorsichtig auf ca. 60 °C temperieren.
- Die Erdäpfelcrème aufwärmen – nicht kochen!
- In einem vorgewärmten Glas oder Becher etwas Muscovadozucker auf den Boden streuen, je ein Wachtelei einlegen und mit die mit dem Stabmixer aufgeschäumte Erdäpfelcrème eingießen. Zum Schluss eine feine Linie gemahlenen Lapsang-Suchong-Tees auf die Oberfläche der Crème streuen.

DIE FALSTAFF-WEIN-EMPFEHLUNG

Weingut Braida
Nascetta La Regina
Der Wein bringt alle sensorischen Eigenschaften der Nascetta, einer halbaromatischen Rebsorte, voll zum Ausdruck: Zitrusfrüchte, Apfel, Birne, Akazienblüte, frische pflanzliche Noten, tropische Früchte, Heu, Stroh und Grapefruit!
braida.it

AGNOLOTTI AL PLIN

AGNOLOTTI MIT FLEISCHFÜLLE

(FÜR 4 PERSONEN)

SCHWIERIGKEITSGRAD: *mittel*

DAUER VORBEREITUNG: *105 Minuten*

DAUER FERTIGSTELLUNG: *15 Minuten*

ZUTATEN AGNOLOTTI
1 kg »Dreierlei Bratenstücke«
200 g Weizenmehl glatt W 480
200 g Hartweizengrieß
4 Eier
4 Eigelb

ZUTATEN FERTIGSTELLUNG
100 g Bratenfond
10 g Petersilie, gehackt

ZUBEREITUNG AGNOLOTTI

- Aus dem Weizenmehl, dem Hartweizengrieß, den Eiern und Eigelb einen glatten Pastateig kneten. In Frischhaltefolie einwickeln und gekühlt mindestens 15 Minuten ruhen lassen.
- Die Bratenstücke in einer Küchenmaschine (Cutter) oder mit einem Messer von Hand sehr fein hacken; eventuell ein wenig Bratensoße dazumischen, dass die Fülle nicht zu trocken gerät. Mit Salz und schwarzem Pfeffer abschmecken.
- Den Pastateig von Hand oder mit der Nudelmaschine zu einer 10 cm breiten Bahn ausrollen. Im unteren Drittel der Bahn im Abstand von 3,5 cm je einen TL der Fleischfülle setzen. Die Häufchen der Fülle einschlagen, indem man den oberen Teigrand nach unten über die Fülle bis zum unteren Teigrand zieht. Diesen nun doppelten Teigrand mit einem Messer oder einem Teigrad begradigen, und anschließend die Zwischenräume zwischen den Fülle-Häufchen mit zwei Fingern zusammendrücken.
- Die gefüllte Hälfte nun auf die »leere« Teighälfte umfalten und die einzelnen Agnolotti mit dem Messer oder Teigrad voneinander trennen; dabei entstehen hübsche kleine »Plin«, die an ein Täschchen oder einen Bauchnabel erinnern.

FERTIGSTELLUNG

- Den Bratenfond in einer großen Schmorpfanne aufkochen.
- Die »Plin« in gesalzenem Wasser kochen, herausheben und sogleich im Bratenfond schwenken.
- Auf vorgewärmte Teller geben und mit gehackter Petersilie fertigstellen.

DIE FALSTAFF-WEIN-EMPFEHLUNG

Weingut Braida
Bricco Dell' Uccellone
Großzügiger Geschmack mit exzellentem Körper und bemerkenswerter Struktur, eine perfekte Kombination aus den Eigenschaften der Trauben und dem Beitrag des Holzes, was zu einer raffinierten Geschmeidigkeit und Klasse führt, mit einer sehr langen aromatischen Persistenz.
braida.it

RISOTTO PIEMONTE
RISOTTO PIEMONT

(FÜR 4 PERSONEN)

SCHWIERIGKEITSGRAD: *mittel*

DAUER VORBEREITUNG: *3,5 Stunden*

DAUER ZUBEREITUNG: *45 Minuten*

ZUTATEN KASTANIENFOND
500 g Maroni, gekocht
1,3 l Wasser

ZUTATEN GEFLÜGELLEBERCRÈME
500 g weiße Zwiebel, geschält
30 g Mehl griffig W480
½ Zimtstange
2 Gewürznelken
2 Wacholderbeeren
1 Orangenschale, gerieben
1 Knoblauchzehe
½ Lorbeerblatt
10 g Paradeisermark
300 g Hühnerleber
20 g Butter
2 Salbeiblätter
500 ml Kalbsfond
500 ml Wasser
Marsala
Salz
Zucker
Maizena

ZUTATEN KAKAOSPRAY
50 ml Wasser
10 g Kakao

ZUTATEN RISOTTO
240 g Carnaroli-Reis
Weißwein
1 l Kastanienfond
80 g Parmesan
50 g Butter
80 g Kastanien, gekocht und in Würfel geschnitten

ZUBEREITUNG KASTANIENFOND
- Die gekochten Kastanien und das Wasser in einen Topf geben und bei mittlerer Hitze 45 Minuten köcheln.
- Den Fond durch ein feines Sieb abgießen und für den Risotto heiß stellen.

ZUBEREITUNG LEBERCRÈME
- Die Zwiebel halbieren, in feine Streifen schneiden und in der Hälfte der Butter anlaufen lassen. Die Aromaten und das Paradeisermark dazugeben und mitdünsten, bis die Zwiebel weich sind.
- Die Leberstücke mehlieren und mit der restlichen Butter zusammen mit den Salbeiblättern sautieren, mit einem kräftigen Schuss Marsala ablöschen und zu den Zwiebeln geben. Mit dem Kalbsfond aufgießen und 3 Stunden bei niedriger Hitze köcheln. Das Ganze durch ein feines Sieb seihen und bei großer Hitze auf ein Achtelliter einkochen, mit 1 TL in etwas Wasser angerührtem Maizena binden, mit Salz abschmecken und mit einer Prise Zucker abrunden.

ZUBEREITUNG KAKAOSPRAY
- Wasser und Kakaopulver unter ständigem Rühren aufkochen und durch ein sehr feines Sieb gießen. Überkühlen und in ein Fläschchen mit Sprühpumpe füllen.

ZUBEREITUNG RISOTTO
- In einer Sauteuse einen EL Butter schmelzen und den Reis mit einer Prise Salz darin leicht »antoasten«. Mit einem kräftigen Schuss Weißwein ablöschen; den Alkohol verdunsten lassen. Unter ständigem Rühren nach und nach den heißen Kastanienfond zugießen; dabei immer wieder einkochen lassen und (erst) dann wieder nachgießen.
- Sobald die Reiskörner nach ca. 20 Minuten gar sind, aber noch einen leicht spürbaren Biss haben, die Kastanienwürfel untermischen, den Topf von der Hitze nehmen, den geriebenen Parmesan und die Butter einrühren. Zugedeckt weitere 2 Minuten stehen lassen.
- Den Risotto in einem tiefen Teller anrichten, die Lebercrème angießen und mit dem Kakaospray fertigstellen.

DIE FALSTAFF-WEIN-EMPFEHLUNG

Weingut Braida
Montebruna
Sehr deutlicher Duft nach reifen Kirschen und roten Beeren. Der Geschmack ist tief, voll und harmonisch, mit einem anhaltenden Abgang, der am Gaumen verweilt und mit einem Hauch von Mandeln endet. Ausgezeichnet, ausgewogen, duftend und sehr leicht zu trinken.
braida.it

TORTA DI NOCCIOLE
HASELNUSSTORTE

(FÜR EINEN 24-CM-TORTENRING)

SCHWIERIGKEITSGRAD: *einfach*

DAUER VORBEREITUNG: *60 Minuten*

DAUER FERTIGSTELLUNG: *5 Minuten*

ZUTATEN
50 g piemontesische Haselnusspaste
100 g piemontesisches Haselnussmehl
100 g piemontesische Haselnüsse, gehackt
150 g Butter, zimmerwarm
90 g Zucker
7 Eier
10 g Backpulver
Butter und Mehl für die Backform

ZUBEREITUNG
- Die Eier trennen und das Backrohr auf 180 °C vorheizen. Die Backform mit Butter ausstreichen und mehlieren. Die Butter mit ⅔ des Zuckers und die Haselnusspaste in einem Rührkessel schaumig schlagen; nach und nach die Dotter einrühren. Das Haselnussmehl mit dem Backpulver mischen und zusammen mit den gehackten Nüssen einmischen.
- Die Eiweiß mit der Küchenmaschine halb schaumig anschlagen und unter Weiterschlagen den restlichen Zucker einrieseln lassen, bis schön steifer Eischnee entsteht. Diesen vorsichtig unter die Nussmasse heben; dabei erst ⅓ des Schnees einmischen, dass die Masse leichter wird, dann den Rest vorsichtig und luftig unterheben.
- Die Masse in die Tortenform gießen und bei 170 °C für ca. 40 Minuten backen. Auskühlen lassen.

DIE FALSTAFF-WEIN-EMPFEHLUNG

Weingut Braida
Vigna Senza Nome
Moscato D'asti

Schöner Schaum und reiche Perlage. Außergewöhnlich frisches und vielschichtiges Bukett, in dem frische Früchte, Orangenblüten, Rosen und Moschus hervorstechen. Ein anmutig süßer Geschmack mit der charakteristischen Aromatik der Traube, köstlich und lang anhaltend.
braida.it

BRAIDA, BAR

Das Weinbaugebiet Monferrato im Piemont ist gekennzeichnet von sanften Hügeln und weitflächigen Rebbergen. Bestes Barbera-Land, Heimat von Braida.

BERA UND BARRIQUE

Braida produziert auf 53 Hektar rund 600.000 Flaschen Wein pro Jahr. Giacomo Bologna hat mit dem Barbera d'Asti Bricco dell'Uccellone einst den Ruhm des Weinguts begründet. Seither haben die Piemonteser die Qualitätsschiene weiter ausgebaut. Für den weltweiten Export ist ein Österreicher zuständig.

Raffaella Bologna, ihr Mann Norbert Reinisch und Giuseppe Bologna (Mitte), die in der dritten Generation das Weingut führen.

Zwischen dem Monferrato Astigiano und den Langhe liegen die ursprünglichen Weingüter Braidas. Herzstück sind die Weinberge bei Rocchetta Tanaro mit ihren sand- und tonhaltigen Böden, wo vermutlich seit dem Mittelalter auch die Barbera-Rebe wurzelt. Diese ursprünglich als minderwertig gehandelte Sorte lieferte verlässlich hohe Erträge auf verschiedensten Böden – freilich bei bescheidenen Qualitäten. Daher stand die Barbera lange im Schatten von Nebbiolo respektive Barolo und wurde vornehmlich von den Winzern und Bauern selbst getrunken. Doch das sollte sich mit dem Engagement und einer Qualitätsoffensive der Familie Bologna ändern.

DIE GEBURT EINES KULTWEINS

Braidas Historie beginnt mit dem Fuhrmann Giuseppe Bologna, der sich einst auf Dorfplätzen beim Handball oder »pallone elastico« den Spitznamen »Braida« erworben hatte. Neben seinem

Genussvoller Aufenthalt im Braida Wine Resort in Rocchetta Tanaro.

Hier lagert der legendäre Barbera Bricco dell'Uccellone. Er ist das Flaggschiff von Braida.

Geschäft als Fuhrmann bewirtschaftete Giuseppe einen Weinberg für sich und seine Freunde, dessen Tropfen schenkte er in der örtlichen Osteria aus. Giuseppe und sein Wein waren beliebt, und bald löschten die paar kleinen Flaschen nicht mehr den großen Durst der Freunde. Also gründet er sein kleines Weingut namens »Braida« und heimste bald Auszeichnungen ein. Später, Anfang der 1980er-Jahre, stieg Sohn Giacomo ein, nachdem er sich in Kalifornien mit den Lehren des legendären Winemakers André Tchelistcheff vertraut gemacht hatte. Zurück in der Heimat baute Giacomo Anfang der 1980er-Jahre die Kellerei aus, reduzierte den Ertrag und steckte die einstige Tafelweinsorte zwecks Säureabbau und Reifung zwölf Monate in Barriques. Seinen Wein aus alten Barbera-Rebanlagen nannte er Bricco dell'Uccellone. Nach einigem Experimentieren kam der große Erfolg. Der »Berg des großen Vogels« war geboren, ein würziger, eleganter, konzentrierter Wein mit fein geschliffenen Tanninen. Er begründete den Siegeszug der Edel-Barberas aus Asti.

»WE BELIEVE IN GRIGNOLINO«

Giacomo schuf aber auch die ebenfalls im Eichenfass ausgebauten Bricco della Bigotta und Ai Suma, ehe er 1990 viel zu früh verstarb. Heute führen seine Kinder, die gelernten Önologen Raffaella und Giuseppe, gemeinsam mit ihrer Mutter Anna den Betrieb. Raffaellas Mann, der Österreicher Dr. Norbert Reinisch, ursprünglich Arzt, kümmert sich dabei um den Export. Apropos Export: Braida keltert mittlerweile 600.000 Flaschen jährlich. Neben einigen anderen Weinen noch zwei ebenfalls in kleinen Eichenfässern ausgebaute Spezialitäten: Il Baciale (»der Heiratsvermittler«), eine harmonische Vermählung von Barbera mit Pinot Noir, Merlot, Cabernet Sauvignon und Cabernet Franc. Und einen Weißen, genannt Il Fiore, aus Chardonnay und der autochthonen Nascetta. Autochthon sind auch der Grignolino und der dazugehörige Limonte, von dessen Qualitäten nicht nur die Familie Bologna überzeugt ist. Diese leichte, frische rote Rebsorte wurde, so heißt es, schon am Hof der Savoyer-Könige hoch geschätzt.

Braida
Loc. Ciappellette-S.P.27 9
14030 Rocchetta Tanaro (Asti)
Piemonte
braida.it

EM

Der Inbegriff italienischer Küche. Die bekanntesten Protagonisten sind Parmaschinken, Mortadella, Balsamico aus Modena, Parmesan und natürlich Pasta. Die Region zwischen Po-Ebene im Nordwesten und Adriaküste im Osten ist ein kulinarisches Paradies.

LIA-ROMAGNA

MASSIMO BOTTURA

Chefkoch im »Osteria Francescana«

Massimo Bottura ist der Rockstar des Fine Dining und hält mit seiner »Osteria Francescana« seit Jahren kontinuierlich drei Michelin-Sterne.

2016 wurde die »Osteria Francescana« von »50 Best« zum besten Restaurant der Welt gekürt. Im Jahr danach als bestes Restaurant Europas auf Platz zwei gereiht, kehrte die Osteria 2018 wieder zurück auf den absoluten Spitzenplatz. Zweimal »weltbestes Restaurant« – das hat in Italien noch niemand geschafft.

Wie ein Orchesterleiter dirigiert Massimo Bottura sein knapp 50-köpfiges Team und spornt es immer wieder zu Höchstleistungen an. Sein legendäres zwölfgängiges Degustationsmenü ist ein farbenfroher Reigen an Kreativität und Geschmack. Botturas Küche spielt immer wieder mit zutiefst emotionalen Elementen. Er selber sagt: »Meine Küche fußt auf der jahrhundertealten Tradition der italienischen Küche, gefiltert durch die zeitgenössische Philosophie und unsere globale Erfahrung.«

OSTERIA FRANCESCANA

Die »Osteria Francescana« befindet sich nicht weit vom zentralen Domplatz von Modena entfernt. Gerade einmal zwölf Tische finden in den Räumlichkeiten des Gourmettempels Platz, der zweimal zum »weltbesten Restaurant« gewählt wurde.

PASTA UNSER

Garganelli, Anolini, Tortellini und viele andere Nudelformen gehören zur Königsklasse der Pasta der Emilia Romagna. Massimo Bottura, mehrmals zum weltbesten Koch gekürt, zeigt, wie man Tradition und Moderne virtuos miteinander verbinden kann. Nicht nur bei Pasta-Gerichten.

CINQUE STAGIONATURE DEL PARMIGIANO REGGIANO

FÜNF GENERATIONEN PARMIGIANO REGGIANO

(FÜR 4 PERSONEN)

SCHWIERIGKEITSGRAD: *schwierig*

DAUER VORBEREITUNG: *3 Std. + 12 Std.*

DAUER FERTIGSTELLUNG: *20 Minuten*

ZUTATEN FÜR DAS DEMI-SOUFFLÉ
2 Eiweiße
1 g Salz
200 g geräucherter Ricotta
100 g Parmigiano Reggiano – 24 Monate, gerieben
40 g Schlagobers
½ g Pfeffer, weiß
Butter

ZUTATEN FÜR DIE PARMESANSAUCE
20 ml Kapaunfond
100 g Parmigiano Reggiano – 30 Monate, gerieben

ZUTATEN FÜR DEN PARMESANSCHAUM
70 g Kapaunfond
125 g Parmigiano Reggiano – 36 Monate, gerieben
50 g Schlagobers

ZUTATEN FÜR DIE PARMESANWAFFEL
100 g Parmigiano Reggiano – 40 Monate, gerieben

ZUTATEN FÜR DIE PARMESANLUFT
100 g Parmigiano-Reggiano-Rinden – 50 Monate, gerieben
500 ml Wasser
1 g Lecithin

ZUBEREITUNG DEMI-SOUFFLÉ
- 12 Aluminium-Auflaufförmchen (8 x 4 cm) mit Butter ausstreichen.
- Die Eiweiße mit dem Salz steif schlagen. Den Ricotta glatt rühren. Den Parmesan mit dem Schlagobers verrühren und mit dem Ricotta mischen und mit Pfeffer abschmecken.
- Das Eiweiß vorsichtig unter die Käsemasse heben. Die Auflaufförmchen zur Hälfte mit der Käsemasse füllen. Eine Dreiviertelstunde im Dampfofen dämpfen.
- (Im konventionellen Backrohr: Ofen auf 130 °C vorheizen. Die Förmchen auf ein tiefes Backblech stellen und mit kochendem Wasser untergießen. In den Ofen schieben und eine Dreiviertelstunde backen.)

ZUBEREITUNG PARMESANSAUCE
- Den Fond auf 60 °C erwärmen, den geriebenen Parmigiano einrühren. Auf 85 °C weiter erhitzen und die Sauce mit einem Mixer glatt rühren. Durch ein feines Sieb passieren.

ZUBEREITUNG PARMESANSCHAUM
- Den Fond aufkochen und unter Rühren den Parmigiano nach und nach einmischen. Mit dem Obers aufgießen und kurz köcheln. Durch ein Sieb passieren, in eine Sahne-Siphonflasche füllen. Gut verschließen und zwei Patronen unter Druck setzen. Bis zur Verwendung kühlen.

ZUBEREITUNG PARMESANWAFFEL
- Den Parmigiano auf ein mit Backpapier belegtes Blech streuen. Bei 170 °C backen, bis der Käse Farbe annimmt. Aus dem Ofen nehmen und knusprig auskühlen lassen.

ZUBEREITUNG PARMESANLUFT
- Die geriebenen Parmigiano-Rinden in einen Sautoir geben und mit dem Wasser bedecken. 3 Stunden bei geringer Hitze ziehen lassen – die Flüssigkeit soll gerade nicht köcheln. Abseihen und kühlen. Diese Flüssigkeit mit dem geriebenen Parmigiano in einen Blender geben und eine halbe Stunde mixen. Anschließend im Kühlschrank über Nacht stehen lassen.
- Durch ein feines Sieb seihen und eine Prise Lecithin dazugeben. Mit einem Stabmixer zu einem feinen Schaum aufschlagen.

ANRICHTEN
Auf einen tiefen Teller zwei Nockerl vom Demi-Soufflé setzen. Mit etwas Sauce angießen und den Schaum über die Nockerl sprühen. Mit den Parmesanwaffeln und der Parmesanluft fertigstellen.

DIE FALSTAFF-WEIN-EMPFEHLUNG
Cleto Chiarli
2019 Lambrusco del Fondatore
Lambrusco di Sorbara DOC
93 Falstaff-Punkte
Hellleuchtendes, intensives, zart trübes Kirschrot. In der Nase sehr feinduftig, ausdrucksstark, nach frischen Rosen, Kirschen und saftigen Himbeeren.
chiarli.it

PASTA E FAGIOLI
PASTA UND BOHNEN

(FÜR 4 PERSONEN)

SCHWIERIGKEITSGRAD: *mittel*

DAUER VORBEREITUNG: *150 Minuten*

DAUER FERTIGSTELLUNG: *20 Minuten*

ZUTATEN FÜR DEN PARMESAN-HÜHNERFOND
1 l Hühnerfond
200 g Parmesanrinde
50 ml Malvasia – La Tosa, »Sorriso di Cielo«

ZUTATEN FÜR DIE CRÈME ROYALE
50 g Foie gras, zugeputzt, Häute und Gefäße entfernt
20 g Borlottibohnen, gekocht
1 Blatt Gelatine, in kaltem Wasser eingeweicht
30 g Parmesan-Hühnerfond
1 Eigelb

ZUTATEN FÜR RADICCHIO UND PANCETTA
10 g Pancetta, fein geschnitten
30 g Radicchio
Olivenöl extra vergine – Villa Manodori
3 EL Lambrusco di Sorbara

ZUTATEN FÜR DIE BOHNENCREME
20 g Pancetta, klein gewürfelt
20 g Zwiebel, weiß, geschält, fein geschnitten
20 g Karotten, geschält, fein gewürfelt
20 g Stangensellerie, fein gewürfelt
Olivenöl extra vergine – Villa Manodori
50 g Borlottibohnen
Bouquet garni – Rosmarin und Salbei
30 ml Malvasia – La Tosa, »Sorriso di Cielo«
250 ml Parmesan-Hühnerfond

ZUTATEN FÜR DIE PARMIGIANO-CRISPS
200 g Parmesanrinden, gekocht, in dünne Späne geschnitten

ZUTATEN FÜR DIE ROSMARINLUFT
50 g Rosmarinnadeln
100 ml Wasser
Lecithin

ZUBEREITUNG PARMESAN-HÜHNERFOND
- Den Hühnerfond mit der Parmesanrinde und dem Wein eine Stunde kochen lassen, dabei auf die Hälfte einkochen. Durch ein Tuch seihen und die Parmesanrinde für die Crisps aufbewahren.

ZUBEREITUNG CRÈME ROYALE
- Alle Zutaten außer dem Eigelb in einem kleinen Topf auf 80 °C erhitzen. Mit einem Stabmixer glatt mixen und durch ein Sieb streichen. Das Eigelb einrühren und in kleine Gläser füllen.
- Bei 90 °C zusammen mit einer Schüssel mit heißem Wasser eine Dreiviertelstunde im Ofen garen.

ZUBEREITUNG RADICCHIO UND PANCETTA
- Die Pancetta in einer Pfanne langsam bräunen und beiseitestellen. Den Radicchio halbieren, den Strunk fein hacken und zusammen mit den Blättern in Olivenöl hellbraun braten. Mit dem Lambrusco ablöschen und köcheln, bis der Wein verkocht ist. Die Pancetta untermischen und von der Hitze nehmen.

ZUBEREITUNG BOHNENCREME
- Die Pancetta in einer Pfanne anbraten und beiseitestellen. In einem Topf das Gemüse in Olivenöl anschwitzen, die Bohnen, die Pancetta und die Kräuter dazugeben und mit dem Weißwein ablöschen. Sobald dieser verdunstet ist, mit dem Fond aufgießen und eine Dreiviertelstunde kochen, bis die Bohnen weich sind.
- Die Kräuter entfernen und das Ganze zu einer glatten Creme pürieren. Wenn nötig, noch etwas Fond dazugießen.

ZUBEREITUNG PARMIGIANO-CRISPS
- Die geschnittenen Parmesanrindenspäne bei 170 °C auf einem mit Backpapier ausgelegten Blech für ein paar Minuten im Ofen aufknuspern.

ZUBEREITUNG ROSMARINLUFT
- Die Rosmarinnadeln in einem Blender mit dem Wasser 4 Minuten auf höchster Stufe mixen und durch ein feines Sieb gießen. Eine Prise Lecithin dazugeben und mit dem Stabmixer luftig aufschlagen.

FERTIGSTELLUNG
- Die Crème Royale in einem Wasserbad erwärmen. Den Radicchio und die Parmigiano-Crisps darauf anrichten. Die Bohnencreme darüber eingießen und mit der frisch aufgeschäumten Rosmarinluft toppen.

DIE FALSTAFF-WEIN-EMPFEHLUNG

Enio Ottaviani
2019 Mada Chardonnay
Rubicone IGT
92 Falstaff-Punkte
Helles, leuchtendes Strohgelb. Zeigt in der Nase gute Komplexität, nach kaltem Rauch, etwas Vanille, Kamillenblüten, auch nach Blutorange, weißem Pfirsich und im Nachhall nach Kerzenwachs.
eniottaviani.it

LASAGNE

(FÜR 4 PERSONEN)

SCHWIERIGKEITSGRAD: *schwierig*

DAUER VORBEREITUNG: *6,5 Std. + 12 Std.*

DAUER FERTIGSTELLUNG: *20 Minuten*

ZUTATEN FÜR DIE KNUSPERPASTA
100 g Spaghetti
15 g Spinat, blanchiert
25 g Tomatenmark
300 ml Sonnenblumenöl
10 g Salz
Evtl. Rauchöl

ZUTATEN FÜR DAS RAGÙ
1 Zwiebel, gelb, geschält, fein geschnitten
1 Karotte, geschält, fein gewürfelt
1 Selleriestange, fein gewürfelt
Olivenöl extra vergine – Villa Manodori
2 Lorbeerblätter
1 Rosmarinzweig
50 g Rückenspeck, gewürfelt
100 g Schweinewurst, gewürfelt
200 g Kalbsschlepp
100 g Kalbszunge
100 g Rinderwangerl
100 g Rindermark, blanchiert
100 g Pelati, eingekocht
80 ml Weißwein
2,5 l Kapaunfond
5 g Salz
1 g Pfeffer, schwarz

ZUTATEN FÜR DEN BÉCHAMEL-SCHAUM
75 ml Milch
100 ml Schlagobers
1 g Muskatnuss, gerieben
75 g Parmigiano Reggiano – 30 Monate, gerieben
2 Eiweiß

ZUBEREITUNG KNUSPERPASTA
- Die Spaghetti in 3 Liter gesalzenem Wasser kochen und dabei gute 2 Minuten überkochen. Abseihen und in einem Mixer zu einer homogenen Masse mixen.
- Den blanchierten Spinat mit der gleichen Menge Wasser 3 Minuten auf höchster Stufe mixen und anschließend durch ein feines Tuch passieren, die Flüssigkeit auffangen.
- Die Spaghettimasse in drei Teile teilen und jeweils in einen Behälter geben. Den ersten Teil mit dem Spinatwasser glatt rühren, den zweiten Teil mit dem Tomatenmark verrühren, der dritte Teil bleibt weiß. Die drei Mischungen über Nacht im Kühlschrank anziehen lassen.
- Einen viertel Backpapierbogen auf die Arbeitsfläche legen und drei Pastamasse-Stücke in der Reihenfolge grün, weiß, rot leicht überlappend darauf platzieren. Mit einem weiteren Viertel Backpapier bedecken und mit dem Nudelholz vorsichtig darüberarbeiten, dass eine dünne dreifärbige Platte entsteht. Mit der restlichen Pastamasse wiederholen.
- Das obere Backpapier abziehen und die Platten bei Raumtemperatur zwei Stunden antrocknen lassen. Im Backrohr bei leicht geöffneter Tür bei 60 °C über Nacht trocknen lassen.
- Das Sonnenblumenöl auf 190 °C erhitzen. Die Pastaplatten vom Backpapier lösen und knusprig herausbacken. Auf Küchenpapier abtropfen und in einem Smoker räuchern; alternativ je mit einem Tropfen Rauchöl einpinseln.

ZUBEREITUNG RAGÙ
- In einer Pfanne Zwiebel, Karotte und Sellerie in Olivenöl anbraten.
- In einem großen Topf den Rückenspeck und die Wurst mit Rosmarin und Lorbeerblättern hellbraun anbraten, das Fett abgießen. Das übrige Fleisch und das Rindermark dazugeben und rundherum anbraten. Pelati und das Gemüse dazugeben, mit dem Weißwein ablöschen, kurz einkochen und mit dem Kapaunfond aufgießen. Fünf Stunden bei niedriger Hitze schmoren und anschließend leicht auskühlen lassen.
- Die Fleischstücke aus der Sauce nehmen und im Tiefkühler anziehen lassen. Anschließend in feine – 3 x 3 mm große – Würfel schneiden. Zurück in die Sauce geben und bis zur gewünschten Konsistenz einkochen. Mit Salz abschmecken.

ZUBEREITUNG BÉCHAMEL-SCHAUM
- Die Milch und das Obers aufkochen, auf 60 °C abkühlen und mit dem Parmesan und Muskatnuss glatt mixen. Auf 40 °C abkühlen, die Eiweiße mit dem Stabmixer einrühren und durch ein Sieb in eine Sahne-Siphonflasche füllen. Gut verschließen und mit zwei Sahnekapseln unter Druck setzen.

FERTIGSTELLUNG
- Die Béchamel im Wasserbad auf 55 °C erwärmen und warm halten. Das Ragù aufkochen und die Pastachips im Ofen auf 80 °C erwärmen.
- Das Ragù in die Mitte der vorgewärmten Teller geben, den Béchamel-Schaum darüber dressieren und mit den Pastachips fertig anrichten.

DIE FALSTAFF-WEIN-EMPFEHLUNG

Drei Donà
2010 Graf Noir Rosso Forlì IGT
93 Falstaff-Punkte
Sehr sattes, elegantes Rubinrot. In der Nase nach Preiselbeeren, getrockneten Rosen und schwarzem Trüffel. Am Gaumen intensiv und saftig, öffnet sich mit kraftvollem, dichtem Tannin, nach Tabak und dunklen Waldbeeren, balsamische Noten im Finale.
dreidona.it

VITELLO PAZZO
VERRÜCKTES KALB

(FÜR 4 PERSONEN)

SCHWIERIGKEITSGRAD: *mittel*

DAUER VORBEREITUNG: *135 Minuten*

DAUER FERTIGSTELLUNG: *20 Minuten*

ZUTATEN FÜR DAS CHLOROPHYLL
50 g Petersilie
10 g Eberraute
10 g Weinraute
10 g Beifuß

ZUTATEN FÜR DIE BALSAMICO-GLACE
10 ml Rinderglace
40 ml Balsamico, sehr alt

ZUTATEN FÜR DIE GEMÜSEASCHE
100 g Karottenschalen
100 g Sellerieschalen
100 g Petersilie
50 g Thymian
50 g Rosmarin
50 g Salbei
50 g Basilikum

ZUTATEN FÜR DIE SAUERKIRSCHENSAUCE
250 g Weichseln, gewaschen und entkernt
50 g Kirschen, gewaschen und entkernt
Zucker
Maisstärke
Meersalz

ZUTATEN FÜR DIE CREMIGEN ERDÄPFEL
100 g Erdäpfel – patate di Montese
80 ml Milch
25 g Butter
25 g Olivenöl extra vergine – Villa Manodori
5 g Salz

ZUTATEN FÜR DIE RAUCHMILCH
1 l Vollmilch
Evtl. Rauchöl

ZUTATEN FÜR DAS RINDERFILET IN ASCHE
500 g Chianina-Rinderfilet
Rauchmilch

ZUTATEN ZUM ANRICHTEN
73 g Holzkohleöl
2 g geräuchertes Salz
150 g Gemüseasche

ZUBEREITUNG CHLOROPHYLL
- Einen großen Topf Wasser auf 80 °C erhitzen und nacheinander die Kräuter darin für je 1 Minute blanchieren und gleich in Eiswasser abschrecken.
- Die Kräuter in einem Blender zusammen mit einem Viertelliter Wasser 4 Minuten auf höchster Stufe mixen, in ein gekühltes Gefäß gießen und über Nacht kühlen. Am nächsten Tag durch ein feines Tuch gießen und das sich im Tuch sammelnde Pflanzengrün aufbewahren.

ZUBEREITUNG BALSAMICO-GLACE
- Die Rinderglace in einem kleinen Sautoir aufkochen, von der Hitze ziehen und den alten Balsamico einrühren. Nie zu heiß werden lassen, da der Balsamico sonst sein Aroma verliert.

ZUBEREITUNG GEMÜSEASCHE
- Die Gemüseabschnitte und die Kräuter bei 220 °C im Ofen zu Asche backen. Dauert rund eine Dreiviertelstunde. Anschließend in einem Mixer zu Puder verarbeiten, durch ein Sieb seihen und in einem geschlossenen Gefäß trocken aufbewahren.

ZUBEREITUNG SAUERKIRSCHENSAUCE
- Die Weichseln und Kirschen mit etwas Zucker aufkochen, pürieren, durch ein Sieb passieren und wieder aufkochen. Mit etwas in Wasser versprudelter Maisstärke binden und von der Hitze nehmen.

ZUBEREITUNG CREMIGE ERDÄPFEL
- Die Erdäpfel in der Schale im Ofen bei 130 °C eine knappe Stunde backen, dabei hin und wieder etwas Wasser auf den Ofenboden gießen, um Dampf zu erzeugen. Etwas auskühlen lassen, schälen und mit 80 °C heißer Milch aufgießen und mit einem Stabmixer glatt mixen. Nach und nach die Butter und das Olivenöl einemulgieren. Mit Salz abschmecken.

ZUBEREITUNG RAUCHMILCH
- Die Milch in einem weiten Gefäß im Smoker/Grill für eine halbe Stunde räuchern. Alternativ mit ein paar Tropfen Rauchöl aromatisieren.

ZUBEREITUNG RINDERFILET
- In einem passenden Topf die Rauchmilch auf 75 °C erwärmen. Das Rinderfilet einlegen und bei 65 °C für 40 Minuten ziehen lassen. Die Temperatur regulieren, indem man den Topf auf die warme Herdplatte und wieder wegzieht.

FERTIGSTELLUNG
- Die Crèmes und Saucen vorsichtig erwärmen und warm stellen.
- Das Fleisch aus der Milch heben und mit Küchenpapier trocken tupfen. Mit etwas Holzkohleöl einpinseln und mit der Gemüseasche rundherum deckend bestreuen. In vier Portionen bzw. acht Stücke schneiden.
- Die Saucen und Crèmes mit Löffeln »wild« auf die vorgewärmten Teller klecksen und die Fleischstücke darauf anrichten. Das Fleisch mit einem Tropfen Holzkohleöl beträufeln und mit einer Prise Rauchsalz würzen. Zum Schluss die Rauchmilch mit dem Stabmixer aufschäumen und ein paar finale Tupfen auf den Teller klecksen.

DIE FALSTAFF-WEIN-EMPFEHLUNG

Società Agricola Fattoria Zerbina
2016 Monografia Vigna Anfiteatro Romagna Sangiovese Marzeno Riserva DOC
94 Falstaff-Punke
Sattes, intensives Rubinrot. In der Nase nach reifen, roten Beeren, zarter Lederwürze unterlegt von balsamischem Ton.
zerbina.com

TORTA AL LIMONE
ZITRONEN-TARTE

(FÜR 4 PERSONEN)

SCHWIERIGKEITSGRAD: *mittel*

DAUER VORBEREITUNG: *90 Min. + 4 Tage*

DAUER FERTIGSTELLUNG: *35 Minuten*

ZUTATEN FÜR DAS ZITRONENGRAS-GELATO
220 ml Vollmilch
50 g Schlagobers
3 Zitronengrasstängel
30 g Zucker
20 g Dextrose
Zitronenzeste
10 Tropfen Zitronenöl – Villa Manodori

ZUTATEN FÜR DEN TARTEBODEN
40 g Butter, gekühlt, gewürfelt
20 g Staubzucker
1 Eigelb
50 g Mehl
2 g Gewürze, gemahlen – Sternanis, Zimt, Wacholder, Pfeffer, Kardamom

ZUTATEN FÜR DIE MINZSAUCE
50 g Pfefferminze, gezupft
20 ml Wasser
6 g Xylit
½ g Minzöl

ZUTATEN FÜR DIE ZABAIONE
4 Eigelb
50 g Zucker
80 g Zitronensaft
80 g Amalfi-Limoncello

ZUTATEN FÜR DAS ZITRONENPUDER
1 Zitrone

ZUTATEN ZUR FERTIGSTELLUNG
4 g kandierte Zitrone
2 g kandierte Bergamotte
1 g kandierter Ingwer
1 g Zitronenpuder
1 g Kapern

ZUBEREITUNG ZITRONENGRAS-GELATO
- Sämtliche Zutaten unter Rühren auf 85 °C erwärmen, durch ein Sieb gießen und über Nacht im Kühlschrank reifen lassen.
- In einer Eismaschine frieren.

ZUBEREITUNG TARTEBODEN
- Alle Zutaten bis auf das Eigelb im Cutter gleichmäßig verbröseln. Zum Schluss das Eigelb eincuttern und den Mürbteig von Hand fertig kneten. In Folie wickeln und für mindestens 2 Stunden gekühlt rasten lassen.
- Aus dem Kühlschrank nehmen, gleichmäßig auswalken und 10-cm-Kreise ausstechen. In 8-cm-Tarteletteringe einarbeiten und bei 160 °C für 8 Minuten backen. Auskühlen lassen und vorsichtig aus den Formen lösen.

ZUBEREITUNG MINZSAUCE
- Die Minzblätter in kochendem Wasser für 10 Sekunden blanchieren und in Eiswasser abschrecken.
- Die blanchierte Minze mit den übrigen Zutaten 2 Minuten lang glatt mixen; die Temperatur sollte dabei nicht über 35 °C steigen!

ZUBEREITUNG ZABAIONE
- In einem Metallkessel Eigelb und Zucker über Wasserdampf aufschlagen, bis das Eigelb anzudicken beginnt. Unter Weiterschlagen den Zitronensaft und den Limoncello einarbeiten. Sobald die Masse schön schaumig ist und eine cremige Textur hat, ist sie servierbereit.

ZUBEREITUNG ZITRONENPUDER
- Die Zitrone in dünne Scheiben schneiden und im Ofen mit spaltbreit geöffneter Tür auf einem mit Backpapier ausgelegten Backblech bei 60 °C 4 Tage trocknen.
- Mit einem Mixer zu Puder verarbeiten, durchsieben und gut zugedeckt trocken aufbewahren.

FERTIGSTELLUNG
- Die kandierten Früchte und die Kaper akkurat aufreihen. Das Gelato, die Zabaione und die MInzsauce unwirsch auf den Tellern anrichten, Zitronenpuder darübersieben, mit einem verkehrten Tarteletteboden bedecken und diesen mit einem kräftigen Schlag mit dem Löffelrücken zerbrechen. Das Endergebnis soll nach einer abgestürzten Zitronentarte aussehen.

DIE FALSTAFF-WEIN-EMPFEHLUNG

Campari Group
Campari
Das rote Kultgetränk mit dem bittersüßen Geschmack zählt zu den bekanntesten Kräuterlikören der Welt. Ob als Cocktail genossen oder als Zutat für Desserts, man schmeckt die italienische Lebensfreude.
camparigroup.it

DIE ERFINDUNG DES DOLCE VITA

Die Campari-Geschichte ist eigentlich auch die Geschichte der italienischen Aperitifkultur. Ohne Frage, das rubinrote Getränk mit dem bittersüßen Geschmack zählt zu den bekanntesten Kräuterlikören der Welt und für jede ernst zu nehmende Bar ist es ein Muss.

Das Kultgetränk aus Mailand ist perfekt für den italienischen Apero mit kleinen, unkomplizierten Speisen.

Am Anfang der berühmten Geschichte steht Gaspare Campari. Kunstvolle Plakate machten das rote Kultgetränk, das damals noch »Bitter-Campari« hieß, weltbekannt.

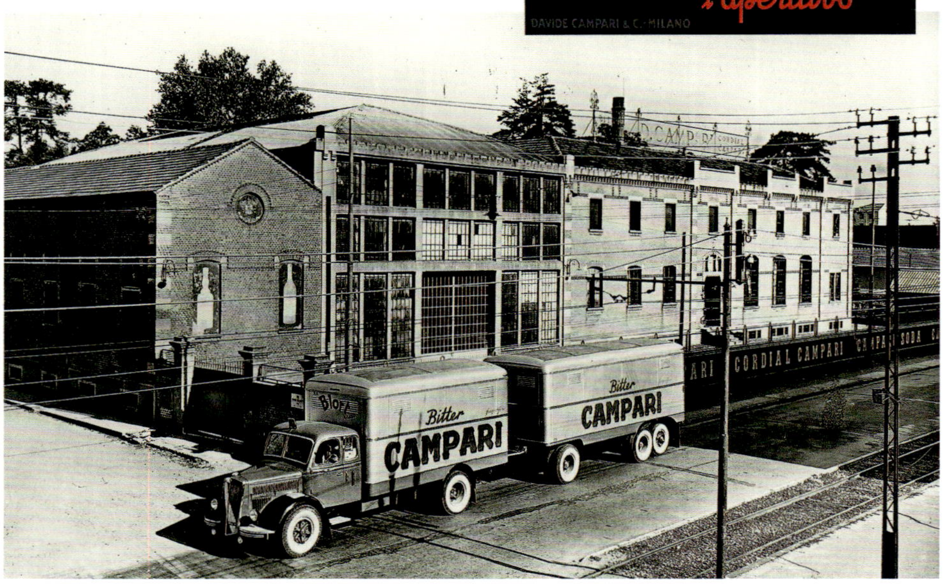

Der berühmteste Bitterlikör der Welt ist DAS Synonym für italienisches Lebensgefühl.

Vor mehr als 160 Jahren wurde der erste Likör unter dem Namen Campari abgefüllt. Die Geschichte der Marke, die untrennbar mit Mailand verbunden ist, beginnt aber eigentlich in Novara, wo der Erfinder des einzigartigen Getränks, Gaspare, Pächter des »Caffè dell'Amicizia« ist. Wie viele Zeitgenossen stellt auch er eigene Liköre aus Kräutern und Früchten her. Die genaue Zusammensetzung bleibt damals wie heute ein Geheimnis. Seine erste bekannte Kreation hat schon 1860 die charakteristische rote Farbe im Namen: »Rosa Campari«, und diese erste Mischung gilt auch als die Geburtsstunde des Bitter. Gaspare und seine junge Frau Letizia wollen aber mehr und ziehen nach Mailand. Die lombardische Hauptstadt wird der Ort, von dem aus der Bitter in die Barwelt zieht. Hier entwickelt Gaspare Campari seine Rezeptur weiter. Zuerst in einem kleinen Shop beim Dom, der bald einer neuen Platzgestaltung weichen muss: Italien wurde von Garibaldi – Namenspate eines weiteren Campari-Cocktails – vereint, und der Patriotismus will dem neuen König, Viktor Emanuel II., ein Denkmal setzen. Für den Likörpionier ist diese Stadtplanung allerdings ein Glücksfall: Er wird für die Manufaktur entschädigt und erhält einen Platz direkt am Eingang der damals neuen Galleria Vittorio Emanuele II.

CAMPARINO, MAILAND

Die Mailänder Bar »Camparino« ist wie keine andere auf der Welt mit der Geschichte italienischer Barkultur verbunden. Hier wird seit über 100 Jahren Aperitivo nicht nur serviert, sondern zelebriert. In der Aufbruchsstimmung der politischen Ereignisse in Italien eröffnete die Familie an der Piazza del Duomo 1915 das erste »Caffè Campari«. Über diesem ersten Lokal wurde Davide Campari als erster Mailänder in der mondänen Passage geboren. Seine eigene Bar gründete er also am Ort nicht nur seiner eigenen Wiege, sondern auch an jenem der italienischen Bitter-Ikone. Auf der berühmten Campari-Flasche sieht man, dass das Etikett nicht Gaspare Campari, den Erfinder, sondern seinen Sohn Davide ehrt. Und das auch

In der Bar »Camparino« in der berühmten Galleria Vittorio Emanuele II in Mailand wird Aperitivo-Kultur mit den legendären Klassikern zelebriert.

mit gutem Grund, denn praktisch alle Schritte auf dem Weg zur italienischen Weltmarke verdankt man ihm, und bis heute ist er Namensgeber der Holding Davide Campari-Milano S. p. A. Eine seiner legendären Ideen kann man noch heute in der »Galleria Campari« in der Via Gramsci 161 bewundern. Im Jahr 1932 begann die Aufstellung der ersten »Aperitivo-Automaten«, in denen perfekt vorgemischter »Campari-Soda« in kleinen Flaschen verkauft wurde. Deren ikonisches Design ohne jegliches Etikett ließ die rote Farbe des Likörs besonders gut zur Geltung kommen.

DIE FARBE ROT

Gaspare Campari hatte wohl neben der Idee für seine einzigartige Mischung auch ein Gen für Marketing. Eigenständiger Geschmack ja, aber für größere Bekanntheit färbte er seinen Likör rot, der Erfolg gab ihm Recht. Das Rot, ein bisschen erotisch, südlich und in jedem Fall »unique«, steht bis heute für den Mailänder Likör, dessen Name »Campari« schon lange das Synonym für Bittergetränke ist. Das Ritual des Aperitivo ist in Italien ein ganz selbstverständlicher Bestandteil des Lebens und in der DNA der Menschen verankert. Der Auftakt zu einem schönen Abend soll wie eine Ouvertüre für ein klassisches Musikstück sein. Zeit für Drinks und unkomplizierte Gerichte.

COCKTAILKULTUR UND -KUNST

Rund um den Bitterlikör und seine Drinks, die »Negroni«, »Boulevardier«, »Milano-Torino «, »Americano«, »Negroni Sbagliato« oder »Campari Spritz« heißen, entwickelte sich eine eigenständige Barkultur. Vor allem aber italienisches Lebensgefühl. Wie die Rezeptur des Likörs, der heute in 190 Länder exportiert wird, überdauerten auch die künstlerischen Campari-Interpretationen die Zeiten.

Campari Group
Via F. Sacchetti 20
20099 Sesto San Giovanni (Milan)
campari.com

TOSKANA

Die Toskana ist eine Gegend für Genießer. Ihre traditionelle Küche ist einfach, bodenständig, aber auch raffiniert. Das »Bistecca alla fiorentina« aus dem Fleisch der Chianina-Rinder genießt Weltruhm. Das tun auch Weine wie der Chianti und Brunello di Montalcino und das Olivenöl.

ARNOLFO
Gaetano Trovato

GAETANO TROVATO

Chefkoch im »Arnolfo«

Mit zwei Michelin-Sternen zählt Gaetano Trovato zu den besten Köchen Italiens. Seit 1982 kocht er im Restaurant »Arnolfo« in der Toskana, genauer gesagt in Colle di Val d'Elsa bei Siena. Gelernt hat er sein Handwerk unter anderem bei Roger Vergé in Frankreich.

Es war seine Familie, die ihm den Umgang mit guten Produkten und den Respekt vor der Qualität beibrachte. »Der Rhythmus eines jeden Tages wurde bei uns durch die Arbeit in der Küche bestimmt, die sich wie bei einem Ritual über den ganzen Tag hinzog«, sagt Trovato heute. Schon als junger Mensch entwickelte er eine besondere Liebe zur Kochkunst, die später in einer Faszination für Aromen, kontrastierende Geschmacksrichtungen und ausgefallene Kombinationen gipfelte. Die Vorstellung, mit verschiedensten Zutaten wie ein Architekt zu arbeiten, entfachte in ihm eine Leidenschaft für kreatives Kochen, wie sie auch unter großen Herdvirtuosen selten ist. Im »Arnolfo«, dem Restaurant seiner Familie, verwirklichte er eine eigene modern und mediterran inspirierte Küche.

ARNOLFO

Das »Arnolfo« ist ein Zwei-Sterne-Restaurant in der historischen Altstadt von Colle Val d'Elsa, mit Blick auf die toskanische Hügellandschaft. Im klassisch eingerichteten Restaurantraum hängen schwere Kristallleuchter an der Decke und an den Wänden moderne Kunst.

Falstaff Rezept-Newsletter
Rezeptideen kostenlos
via E-Mail erhalten
go.falstaff.com/at-rezept-newsletter

FLÜSSIGES GOLD

Die Basis der toskanischen Küche ist das Olivenöl, das seit den Etruskern und Römern hier gewonnen wird. Es gibt allen Gerichten ein unverwechselbares Aroma und den Geschmack des Südens. Auch Spitzenkoch Gaetano Trovato verwendet es für seine herausragenden, feinen Rezepte.

VITELLO TOPINAMBUR
KALB TOPINAMBUR

(FÜR 4 PERSONEN)

SCHWIERIGKEITSGRAD: *mittel*

DAUER VORBEREITUNG: *1,5 Std. + 6 Std.*

DAUER FERTIGSTELLUNG: *20 Minuten*

ZUTATEN KALB
240 g Kalbsfilet
500 ml Kalbsfond
30 g Butter
Salz

ZUTATEN TOPINAMBURCRÈME UND -SCHALEN
500 g Topinambur, geputzt
2 Schalotten, geschält
25 g Butter
Milch
Salz
250 ml Sonnenblumenöl

ZUTATEN TOPINAMBURWAFFELN
50 g Tapiokaperlen
500 ml Wasser
2 g Salz
50 g Topinamburcrème

ZUTATEN PIOPPINI-PILZE
200 g Pioppinipilze, geputzt
30 g Butter
Salz

ZUBEREITUNG KALB
- Den Kalbsfond auf 70 °C erwärmen und das in vier Stücke portionierte Kalbsfilet einlegen, dann in den auf 65 °C vorgewärmten Ofen schieben und für 45 Minuten ziehen lassen.
- Die Filetstücke aus dem Fond nehmen, trocken tupfen und in einer Pfanne in Butter rundherum braten.

ZUBEREITUNG TOPINAMBURCRÈME
- Die Topinambur-Knollen in gesalzenem Wasser 1 ¼ Stunden weich kochen. Die Schaloten fein hacken und in Butter anlaufen lassen. Die Topinambur-Knollen halbieren, das Fruchtfleisch herauskratzen und zu den Schalotten geben. Jeweils halb und halb mit Kochwasser und Milch aufgießen und glatt mixen. Durch ein Sieb passieren und warm stellen.
- Die Topinamburschalen in Sonnenblumenöl bei 180 °C knusprig frittieren.

ZUBEREITUNG TOPINAMBURWAFFELN
- Die Tapiokaperlen im gesalzenen Wasser gar kochen und in Eiswasser abschrecken. Abseihen und mit dem Topinamburpüree mischen.
- Auf ein Backpapier streichen und im Ofen mit leicht geöffneter Tür bei 60 °C 6 Stunden trocknen. In 180 °C heißem Sonnenblumenöl knusprig frittieren.

ZUBEREITUNG PIOPPINIPILZE
- Butter in der Pfanne aufschäumen lassen und die Pilze darin rasch braten. Salzen.

ANRICHTEN
Die Filetstücke halbieren und mit den Beilagen auf vorgewärmten Tellern anrichten.

DIE FALSTAFF-WEIN-EMPFEHLUNG

Bindella – Tenuta Vallocaia Gemella Bianco 2020
In der Nase feinduftige Noten von reifer Grapefruit und exotischen Früchten. Im Gaumen saftig und gut strukturiert, mit einer belebenden, gut integrierten Säure. Leckere Zitrus- und Marillenaromen, wiederum Grapefruit.
bindella.ch

SAN PIETRO – FINOCCHI – POMPELMO
PETERSFISCH – FENCHEL – GRAPEFRUIT

(FÜR 4 PERSONEN)

SCHWIERIGKEITSGRAD: *mittel*

DAUER VORBEREITUNG: *20 Min. + 180 Min.*

DAUER ZUBEREITUNG: *15 Minuten*

ZUTATEN ST. PETERSFISCH
600 g Filet, zugeputzt
50 g Butterschmalz
Thymian
Knoblauch
Maldonsalz

ZUTATEN FENCHEL
2 Fenchelknollen
200 ml Wasser
140 ml Weißweinessig
100 g Zucker
1 Sternanis
Thymian

ZUTATEN GRAPEFRUIT
1 frische Grapefruit
160 ml Grapefruitsaft
1,6 g Agar-Agar
Maldonsalz

Wilder-Fenchel-Samen, getrocknet, gemörsert
Fenchelgrün

ZUBEREITUNG GRAPEFRUIT
- Den Grapefruitsaft mit Agar-Agar verrühren, aufkochen und 4 Minuten köcheln. Auskühlen lassen und mit einem Mixer mit Schneebesen schaumig aufschlagen.
- Die Grapefruit schälen und in Filets schneiden. Diese mit Olivenöl marinieren und leicht salzen.

ZUBEREITUNG FENCHEL
- Die Fenchelknollen von den langen Stielen und den äußeren – unschönen – Schichten befreien, halbieren, in Spalten schneiden und in Eiswasser aufbewahren.
- Das Wasser mit dem Zucker aufkochen, den Essig und Sternanis dazugeben, wieder zum Kochen bringen und die Fenchelspalten einlegen. Für 10 Minuten köcheln und von der Hitze ziehen.

ZUBEREITUNG ST. PETERSFISCH
- Die Filets von der Haut schneiden und in 150-Gramm-Portionen aufteilen.
- Die geklärte Butter mit Thymian und Knoblauch aufschäumen und die Filets darin bei lebhafter Hitze braten.

ANRICHTEN
Die Filets salzen und mit den Fenchelspalten, den Grapefruitfilets und dem Grapefruit-Gel anrichten. Mit den Wilder-Fenchel-Samen und dem Fenchelgrün fertigstellen.

DIE FALSTAFF-WEIN-EMPFEHLUNG

Bindella – Tenuta Vallocaia
Gemella Rosato 2020
90 Falstaff-Punkte
Helles Lachsrosa. In der Nase rote Beeren, etwas Blüten. Dazu Pfirsich. Am Gaumen von belebender Frische. Ein Rosato mit guter Spannung und Rasse. Aromen von kleinen, roten Beeren, etwas reife Zitrusfrucht.
bindella.ch

RISOTTO DI ZUCCA

KÜRBIS-RISOTTO

(FÜR 4 PERSONEN)

SCHWIERIGKEITSGRAD: *mittel*

DAUER VORBEREITUNG: *75 Min. + 12 Std.*

DAUER FERTIGSTELLUNG: *45 Minuten*

ZUTATEN RISOTTO
400 g Hokkaidokürbis
200 g Carnarolireis »San Massimo riserva«
60 g Butter
40 g Salbei, Lorbeer, Thymian
2 Knoblauchzehen
Gemüsefond
40 g Butter
40 g Parmesan
½ Zitrone, ausgepresst

ZUTATEN ORANGENPUDER
2 Orangen, unbehandelt, gewaschen

ZUTATEN ORANGENMOUSSE
150 ml Orangensaft
2 Gelatineblätter

500 ml Kefir

ZUBEREITUNG ORANGENPUDER
- Mit einem Sparschäler die äußere Orangenschale abschälen und im Backofen mit leicht geöffneter Türe bei 90 °C über Nacht trocknen. Im Mixer puverisieren.

ZUBEREITUNG ORANGENMOUSSE
- Die Gelatine in Wasser einweichen.
- 30 ml Orangensaft erwärmen und die ausgedrückte Gelatine darin auflösen. Den restlichen Orangensaft in die Rührschüssel einer Küchenmaschine geben und mit dem Schneebesen zu rühren beginnen. Die Geschwindigkeit erhöhen und den Gelatine-Orangensaft in einem dünnen Faden eingießen. 10 Minuten schlagen, bis sich eine luftige Masse gebildet hat.
- Zugedeckt im Kühlschrank bis zur Verwendung aufbewahren.

ZUBEREITUNG RISOTTO
- Den Kürbis halbieren und die Kerne mit einem Löffel auskratzen. Die Hälften mit der Butter und den Aromaten füllen, wieder aufeinandersetzen, in Alufolie einpacken und im Ofen bei 180 °C für 1 Stunde backen. Anschließend die Kräuter entfernen, das Fruchtfleisch von der Schale lösen und in einem Mixer fein pürieren.
- Den Carnarolireis trocken in einer Schmorpfanne antoasten, mit Gemüsefond angießen, mit ein bisschen Salz würzen und knapp gar köcheln. Das Kürbispürree, die Butter und den Parmesan einrühren, mit Zitronensaft abschmecken und zugedeckt noch ein bisschen rasten lassen.

ANRICHTEN
In tiefen Tellern den Risotto anrichten; mit dem Orangenmousse, dem Kefir und Orangenpuder finalisieren.

DIE FALSTAFF-WEIN-EMPFEHLUNG

Bindella – Tenuta Vallocaia Vino Nobile di Montepulciano docg, Tenuta Vallocaia
91 Falstaff-Punkte
In der Nase würzig mit feiner Röstnote, Holz und Kirschen. Im Gaumen ein saftiger, eleganter Auftakt mit Aromen von Waldbeeren, Kirschen und auch würzigen Komponenten. Ein authentischer Vino Nobile mit Potenzial.
bindella.ch

FROLLA – CASTAGNE – ROSMARINO

MARONI-DESSERT

(FÜR 4 PERSONEN)

SCHWIERIGKEITSGRAD: *mittel – schwierig*

DAUER VORBEREITUNG: *2 Std. + 8 Std.*

DAUER FERTIGSTELLUNG: *15 Minuten*

ZUTATEN MÜRBTEIG
80 g Butter
35 g Staubzucker
½ Eigelb
25 g Kastanienmehl
80 g Weizenmehl W 480
15 g Kartoffelstärke

ZUTATEN KASTANIENSCHAUM
75 ml Milch
125 ml Schlagobers
125 g Maronipüree
3 Eigelb
25 g Zucker
1 Blatt Gelatine
5 g Salz

ZUTATEN ROSMARIN-BISKUIT (ROSMARIN-»SPONGE«)
2 Eiweiß
2 Dotter
20 g Rosmarinnadeln
35 g Zucker
25 g Weizenmehl W 700
Kartonbecher oder hitzefeste Gläschen (Jenaer-Glas)

ZUTATEN ROSMARIN-EIS
400 ml Vollmilch
150 ml Schlagobers
28 g Magermilchpulver
18 g Dextrose
3,5 g Stabilisator
2 g Salz
3 Rosmarinzweige

ZUTATEN KASTANIENHIPPEN
3 Eiweiß
50 g Mehl
50 g Kastanienmehl
100 g Staubzucker
100 g Butter

ZUTATEN CRÈME-FRÂICHE-CREMOSO
50 ml Vollmilch
60 g Zucker
4 Blatt Gelatine
250 g Crème-Fraîche
350 g Schlagobers
Wasser

Gekochte Maroni

ZUBEREITUNG CRÈME-FRÂICHE-CREMOSO
- Die Gelatine in Wasser einweichen. Milch und Zucker aufkochen, von der Hitze ziehen und die ausgedrückte Gelatine darin auflösen. Sobald diese Mischung auf 25 °C heruntergekühlt ist, die Crème-Fraîche und das Schlagobers einrühren. In eine quadratische (ca. 17 x 17 cm) mit Folie ausgekleidete Form füllen und im Kühlschrank ein paar Stunden fest werden lassen; anschließend im Tiefkühler anfrieren. In längliche Karrees – 2,5 x 10 cm – schneiden.

ZUBEREITUNG ROSMARIN-EIS
- Milch und Schlagobers auf 40 °C erwärmen und die gehackten Rosmarinzweige zufügen. Über Nacht zugedeckt im Kühlschrank ziehen lassen. Am nächsten Tag abseihen, das Milchpulver, Dextrose, Stabilisator und Salz glatt einrühren. Auf 80 °C aufkochen, mit dem Stabmixer nochmal glattrühren und im Kühlschrank für 6 Stunden reifen lassen. In einer Eismaschine frieren.

ZUBEREITUNG ROSMARIN-BISQUIT/ ROSMARIN-»SPONGE«
- Die Rosmarinnadeln in kochendem Wasser blanchieren und in Eiswasser abschrecken. Ausdrücken und mit den übrigen Zutaten in einem hohen Becher mit dem Stabmixer möglichst glatt mixen. Die Masse durch ein feines Sieb passieren und in eine Sahne-Siphonflasche (isi-Flasche) füllen. Die Flasche gut verschließen und nacheinander mit 3 Patronen (Stickstoff – die »normalen« Obers-Patronen) unter Druck setzen.
- Die Masse in der Flasche gut nach unten Richtung Düse schütteln und nacheinander vorsichtig ca. 1 ½ Zentimeter hoch in die Becher oder Gläschen sprühen. Die Biskuitmasse knapp 1 Minute (hängt von der jeweiligen Leistung des Mikrowellengeräts ab) auf höchster Stufe backen. Kurz auskühlen lassen und mit einem kleinen Messer den Schwamm-Biskuit aus dem Becher lösen. In ansehnliche »wilde« Stücke rupfen. Den Vorgang für weitere Portionen wiederholen.

ZUBEREITUNG KASTANIENSCHAUM
- Die Gelatine in Wasser einweichen. Zucker zu einem mittelbraunen Karamell kochen. Vorsichtig mit der Milch und dem Obers ablöschen. Diese Mischung aufkochen und unter Rühren zu den Eigelb in einem weiteren Topf mischen. Die Eigelb-Mischung auf knapp 85 °C kochen, sofort umgießen, das Maronipüree und die ausgedrückte Gelatine einrühren; mit einer Prise Salz abschmecken. Durch ein feines Sieb passieren und in die Sahne-Siphonflasche füllen. Die Flasche gut verschließen und nacheinander mit 3 Patronen (Stickstoff – die »normalen« Obers-Patronen) unter Druck setzen. Für mindestens 4 Stunden im Kühlschrank kühlen.

ZUBEREITUNG MÜRBTEIG
- In einer Küchenmaschine die zimmerwarme Butter, Staubzucker und Eigelb glatt rühren. Das Kastanienmehl glatt einrühren und zum Schluss das Mehl und die Kartoffelstärke einarbeiten. Rasten lassen. Ausrollen und in 3 x 11 cm große Rechtecke zuschneiden. Bei 170 °C backen.

ZUBEREITUNG KASTANIENHIPPEN
- Die Butter vorsichtig schmelzen. Die übrigen Zutaten mit der Butter in einen tiefen Mixbecher geben und mit dem Stabmixer glatt mixen.
- Die Hippenmasse auf ein mit Backpapier aufgelegtes Blech streichen und bei 180 °C rund 6 Minuten backen.

ANRICHTEN
Einen winzigen Tupfen Kastanienschaum – als »Rutsch-Stopper« - in die Tellermitte geben. Die Mürbteigböden auf die Tupfen setzen und jeweils ein Cremoso-Karree auflegen. Mit den gekochten Maroni, den Rosmarin-Biskuits, dem Kastanienschaum direkt aus der Siphonflasche anrichten.

DIE FALSTAFF-WEIN-EMPFEHLUNG

Bindella – Tenuta Vallocaia Dolce Sinfonia 2013 – Vin Santo di Montepulciano doc
Sehr intensiver, süßer Duft nach Rosinen, getrockneten Aprikosen, Honig, Nüssen und Holzaromen. Sehr konzentriert, vielschichtig und mit einem Hauch von Oxidationsnoten. Wunderbar ausbalanciert, mit einem leichten Carameltouch zum Finish.
bindella.ch

VALLOCAIA ERSTRAH

LT IN NEUEM GLANZ

Die Tenuta Vallocaia in Montepulciano ist das Weingut der Schweizer Unternehmerfamilie Bindella. In den letzten Jahren wurde es komplett umgebaut. Es bietet beste Bedingungen für den Wein – und für Besucher.

Eine Kathedrale für den Wein: Familie Bindella hat ihr Weingut in den letzten Jahren komplett neu erbaut. Die Architektur ist klar toskanisch geprägt.

Rudi Bindella (l.) und Rudi Bindella Jr. in den Rebbergen der Tenuta Vallocaia in der Toskana. Das Weingut ist seit 1983 im Besitz der Familie.

Die Zürcher Unternehmerfamilie Bindella ist in der Schweiz vor allem bekannt für ihre Restaurants und für ihren Weinhandel. Dass sie seit 1983 ein Weingut in Montepulciano betreibt, ist den wenigsten bewusst. »Wir sind stolz, auch Bauern zu sein«, sagt Rudi Bindella, der mit seiner Familie in der Schweiz gut 40 Restaurants betreibt. »Das Bearbeiten des Bodens gehört für mich zu den edelsten Tätigkeiten überhaupt.«

Das Weingut Vallocaia befindet sich in Montepulciano. In den Landstrich verliebt hat sich Rudi Bindella noch als Student. Im Jahr 1971 verbrachte er ein Semester im nahe gelegenen Perugia – der Stadt der Schlemmer und Künstler – und gut zehn Jahre später ergab sich die Gelegenheit hier ein Gut zu erwerben. Rund 2,5 Hektar Reben gab es damals auf Vallocaia, zehn Hektar Eichenwald sowie ein baufälliges Bauernhaus. »Zu wenig zum Leben und zu viel zum Sterben«, sagt Rudi Bindella und lacht. Er war es, der das Familienunternehmen ganz auf Italien ausrichtete, die Restaurants genauso wie den Weinhandel und eben auch das eigene Weingut. Sein Vater hatte Domänen in der Westschweiz betrieben, die der Sohn zugunsten des Abenteuers Toskana verkaufte.

Fast 50 Jahre später baut Familie Bindella in Montepulciano auf rund 55 Hektar Wein an und betreibt seit Neuestem auch ein Restaurant beim Weingut, das in den letzten Jahren komplett neu aufgebaut wurde. Familie Bindella investierte in einen Neubau, der einen neuen Keller sowie ein Besucherzentrum und eben auch ein Restaurant beherbergt. Der Keller ist nach modernsten Maßstäben konzipiert, das Gebäude zeitlos schön und dennoch klar regionsgeprägt. »Das war uns sehr wichtig«, sagt Rudi Bindella, der beim Neubau ausschließlich mit lokalen, toskanischen Handwerkern arbeitete. Die Liebe zum Detail, die man aus den Bindella-Restaurants in der Schweiz kennt, wurde auch in der Toskana beherzigt. Beweis genug sind die Kunstwerke, die Rudi Bindella eigens für das Weingut ausgewählt hat und aus der Schweiz nach Italien bringen ließ. Auch um deren Platzierung im Raum kümmert sich der Seniorchef hier wie dort übrigens persönlich. »Wir sind der Über- >

In der Schweiz ist Familie Bindella insbesondere für ihre Restaurants bekannt. Ein solches betreibt sie nun auch in der Toskana.

»Sie können nicht in einer wüsten Gegend mit wütenden Menschen einen feinen Wein machen.«

RUDI BINDELLA

zeugung, dass ein guter Wein nur in einer schönen Umgebung entstehen kann«, sagt Rudi Bindella – und fügt an: »Sie können nicht in einer wüsten Umgebung mit wütenden Menschen einen feinen Wein machen.«

Die Tenuta Vallocaia wird von Gutsdirektor Giovanni Capuano geführt. Der promovierte Agronom stammt aus dem süditalienischen Avellino und hat die Qualität der Weine von Vallocaia in den letzten 20 Jahren auf ein neues Niveau gehoben. »Es ist ein echter Glücksfall einen Mann wie Giovanni an unserer Seite zu wissen«, sagt Rudi Bindella. Capuano hat mehrheitlich freie Hand, investierte schon vor Jahren in einen naturnahen Anbau sowie eine handwerkliche Vinifikation. Zu viele Interventionen im Keller sind ihm ein Graus. Und so reifen die Weine auf der Tenuta Vallocaia nicht selten ein Jahr länger als die der Nachbarn, bevor sie zum Verkauf freigegeben werden.

Die Tenuta Vallocaia hat einen relativ breiten Sortenspiegel. Natürlich werden traditionelle Sorten wie Sangiovese angebaut, jedoch befinden sich im Portfolio auch ein Syrah, ein Merlot sowie ein Sauvignon Blanc. »Das hat sich über die Jahre so ergeben und wir prüfen immer wieder neue Möglichkeiten«, sagt Rudi Bindella.

Vor einigen Jahren schon gab Bindella die Führung des Gastronomieteils des Familienunternehmens an seinen Sohn Rudi Bindella Jr. ab. Und auch auf dem Weingut mischt dieser heute mit. Gemeinsam mit Capuano arbeitet er gerade an einer Weinlinie für jüngere Konsumentinnen und Konsumenten, während sich der Vater um die Weiterentwicklung der klassischen Linie sorgt.

Zu zwei Dritteln werden die Weine von Vallocaia heute in die Schweiz exportiert, der Rest wird in Italien sowie auf verschiedenen Exportmärkten gehandelt. Das ergibt natürlich auch Sinn, gehört Bindella in der Schweiz doch zu den absoluten Top-Händlern im Bereich Italien. Zu den wichtigsten Partnern Bindellas gehören etwa die Familien Antinori und Frescobaldi, das legendäre Weingut Masi oder Castello Banfi. »Es hilft uns viel in unser Tätigkeit im Weinhandel, dass wir selber Produzenten sind«, sagt Rudi Bindella. »Wir können unseren Partnern auf Augenhöhe begegnen.« Auch beim Bau des neuen Weinguts waren diese Kontakte natürlich von Vorteil. Giovanni Capuano hatte freien Zugang zu einigen der modernsten und ausgereiften Kelleranlagen Italiens, um Inspiration für den

»Es hilft uns viel in unserer Tätigkeit im Weinhandel, dass wir selber Produzenten sind.«

RUDI BINDELLA

Bau der Tenuta Vallocaia zu finden. Ob es denn auch ein Traum von Rudi Bindella sei, mit seinen Weinen einst zur Riege der legendären Weine aufzusteigen, die sie selber importieren, wollen wir zum Schluss noch wissen. »Das ist vielleicht ein Fernziel«, sagt er und hält inne. »Vielleicht ist das auch eine Aufgabe für die nächste Generation. Der Grundstein ist gelegt.«

Tenuta Vallocaia / Bindella srl
Via delle Tre Berte 10/A, 53045
Montepulciano (SI), bindella.it

Die Weine der Tenuta Vallocaia entstehen handwerklich und zurückhalted. Im neuen Weingut gibt es genügend Platz für die anschließende Reifung.

ROM

Die Ewige Stadt ist ein Gesamtkunstwerk. Einzigartige Sehenswürdigkeiten, italienisches Lebensgefühl und Kulinarik. Rom heißt eben immer auch genießen. Diese köstlichen Seiten sind dann »Spaghetti alla carbonara« oder »all'amatriciana«, »Carciofi alla romana«, »Supplì« und Kutteln zum Beispiel.

NICOLA ZAMPERETTI

Chefkoch im »Giano Restaurant«

Nicola Zamperetti ist seit Herbst 2021 Küchenchef im Restaurant »Giano« im neuen Designer-Hotel »W Rome« im Zentrum von Rom. Er war einige Zeit Souschef des sizilianischen Zwei-Sterne-Kochs Ciccio Sultano (im Bild links: Nicola Zamperetti [l.] mit seinem Lehrmeister Sultano).

Zamperetti gilt als eines der aufstrebenden Talente der süditalienischen Kochszene. Zuletzt entwickelte er zusammen mit seinem Mentor Ciccio Sultano das »Bar con Cucina«-Konzept im Restaurant »Pastamara« im Nobelhotel Ritz-Carlton an der Wiener Ringstraße.

Der 28-jährige Zamperetti kochte unter anderem zwei Jahre bei Sultano im Zwei-Sterne-Restaurant »Duomo« in Ragusa, einem der besten Restaurants Siziliens. Sultano war es auch, der den Kochstil Zamperettis prägte wie kaum ein anderer.

Ausgebildet wurde der feinsinnige Küchenvirtuose in der »Scuola di cucina CAST Alimenti« in Brescia, danach lernte er in verschiedenen Restaurants in Italien und Frankreich.

Zamperetti ist ein Meister der modernen Interpretation klassischer, süditalienischer Gerichte, die er subtil und mit viel technischem Können zubereitet.

RISTORANTE GIANO IM HOTEL »W ROME«

Das im Herbst 2021 eröffnete Designer-Hotel »W Rome« mit dem Restaurant »Giano« nahe der spanischen Treppe gehört zu den spektakulärsten Neueröffnungen Roms.

DIE FARBE LILA

Die Melanzani kam einst von Asien über Persien nach Europa und steht nicht nur in Italien auf der Hitliste der Superfoods ganz weit oben. Ciccio Sultano und Nicola Zamperetti bringen nicht nur den Melanzani-Klassiker »Caponata« von Sizilien nach Rom.

CAPONATA DI MELANZANE

MELANZANE-CAPONATA

(FÜR 4 PERSONEN)

SCHWIERIGKEITSGRAD: einfach

DAUER VORBEREITUNG: 90 Min. + 1 Tag

DAUER FERTIGSTELLUNG: 5 Minuten

ZUTATEN
800 g Melanzane
150 g Stangensellerie
200 g weiße Zwiebeln
150 g Polpa di Pomodoro
20 ml Olivenöl, extra vergine
30 g eingelegte Kapern
40 g eingelegte Grüne Oliven, entkernt
50 ml Rotweinessig
25 g Wildblütenhonig
1 Basilikumzweig
1 Minzezweig
Salz

ZUBEREITUNG
- Die Melanzane von den Stielen befreien und in ca. 2,5 cm dicke Scheiben schneiden, leicht salzen und für 1 Stunde auf einem Blech ziehen lassen; dabei verlieren sie etwas Wasser.
- Die Scheiben in 2 cm große Würfel schneiden.
- Die Stelleriestangen mit einem Sparschäler auf der äußeren Seite ein wenig abschälen, um die Fäden zu entfernen und in ½ cm dicke Würfel schneiden. Die Zwiebel schälen, in 1 cm große Würfel schneiden und in etwas Olivenöl glasig dünsten. Die Selleriestücke zugeben und mitdünsten.
- Die abgetropften Kapern und Oliven dazugeben und gleich mit dem Rotweinessig und dem Honig ablöschen.
- Zum Schluss die Tomaten-Passata und die Melanzanewürfel untermischen und alles zusammen aufkochen. Mit Salz und, falls nötig, mit noch etwas Essig und Honig abschmecken. Auskühlen lassen.
- Die Basilikum- und Minzeblätter von den Stängeln zupfen, einmal mit dem Messer drüberhacken und untermischen.

TIPP
Am besten schmeckt die Caponata, wenn sie einen Tag lang – gekühlt – durchziehen kann und dann bei Raumtemperatur serviert wird.

DIE FALSTAFF-WEIN-EMPFEHLUNG

Famiglia Cotarella, Falesco Poggio dei Gelsi Est!Est!!Est!!! di Montefiascone DOP 2019
91 Falstaff-Punkte
Hell leuchtendes Strohgelb. In der Nase mit feiner Grünwürze und leichtem Bananenduft, im Nachhall nach weißen Blüten. Am Gaumen mit feiner Saftigkeit und kompakter Frucht, spannt sich zartbitter und animierend auf, leicht salziges Finish.
famigliacotarella.it

F-
HLUNG

periore

ze
linze und frisch
utern, nasser
r, nach hellem
Steinobst. Am
n Frucht-
rn, zeigt sich
onie, mit
ziges Finale.

OSSOBUCO

(FÜR 4 PERSONEN)

SCHWIERIGKEITSGRAD: leicht

DAUER VORBEREITUNG: 4,5 Stunden

DAUER FERTIGSTELLUNG: 5 Minuten

ZUTATEN
1,2 kg Kalbfleischscheiben (für Ossobuco vom Fleischer vorbereitet)
600 ml Kalbsfond
300 g weiße Zwiebeln, geschält
20 g Karotte
20 g Stangensellerie
50 ml Olivenöl, extra vergine
60 ml Weißwein
Salz
2 Rosmarinzweige
40 g Tomatenmark
1 handvoll Petersilie
Pfeffer, schwarz
Zitronensaft einer halben Zitrone
Zitronenzeste
50 g Petersilie, gezupft
20 g Butter
2 Salbeizweige

ZUBEREITUNG
- In einem schweren Bräter in ein wenig Olivenöl die Ossobuco-Stücke auf beiden Seiten scharf anbraten und beiseitelegen.
- Anschließend im Bräter die Zwiebel fein hacken und 280 Gramm davon in Olivenöl anlaufen lassen; die restlichen 20 g für die »Vinaigrette« aufbewahren.
- Die Ossobuco-Scheiben zu den Zwiebeln geben. Das Tomatenmark zugeben und mit dem Weißwein und dem Kalbsfond aufgießen. Die Kräuter und die Pfefferkörner in einem Gewürzsäckchen dazugeben. Das Ganze für mindestens 4 Stunden schmoren. Mit Salz abschmecken.
- In der Zwischenzeit die Karotte schälen und fein hacken. Die Sellerie mit dem Sparschäler an der Außenseite fein abziehen und anschließend fein hacken. Aus gehackten Karotten, Sellerie und den übrigen 20 g fein geschnittenen Zwiebeln zusammen mit dem Zitronensaft und der Zitronenzeste eine »Gemüsevinaigrette« mischen.
- Die fertig gegarten Ossobuco-Scheiben auf einer großen Platte zusammen mit der Schmorsauce anrichten. Mit der Gemüsevinaigrette und der gehackten Petersilie fertigstellen.

Die ideale Begleitung zum Ossobuco ist ein Risotto Milanese mit Safran.

DIE FALSTAFF-WEIN-EMPFEHLUNG

Bindella – Tenuta Vallocaia I Quadri 2017 – Vino Nobile di Montepulciano docg
93 Falstaff-Punkte
In der Nase offenherzig und einladend, nach baumreifen Kirschen, rotem Pfirsich, Hagebutten und einem elegant-würzigen Nachhall. Am Gaumen sehr saftig und ausgeprägt in seiner Frucht, spannt einen schönen Bogen, herzhaft und klar, mit langem Abgang
bindella.ch

RAGÚ BOLOGNESE

PASTA BOLOGNESE

(FÜR 4 PERSONEN)

SCHWIERIGKEITSGRAD: *leicht*

DAUER ZUBEREITUNG: 5,5 Stunden

ZUTATEN

300 g ein wenig durchzogenes Rindfleisch
50 g Karotten
50 g Stangensellerie
30 g weiße Zwiebel
100 ml Rotwein
500 g Pelati
Schwarzer Pfeffer, ganz
Lorbeerblatt
150 g Tomatenmark
1 Rosmarinzweig
1 Salbeizweig
2 Thymianzweige
Olivenöl, extra vergine
Salz

ZUBEREITUNG

- Die Zwiebel und Karotten schälen und in kleine Würfel schneiden. Die Sellerie in kleine Würfel hacken. Das Fleisch ebenfalls von Hand in kleine Würfel schneiden.
- Die Gemüsewürfel in einem Topf in Olivenöl anschwitzen. In einer schweren Pfanne das gehackte Fleisch mit etwas Olivenöl bei großer Hitze anbraten, sodass es eine schöne Farbe annimmt.
- Das Fleisch zum Gemüse geben, den Wein, das Tomatenmark und die Pelati dazugeben und das Ganze für 5 Stunden köcheln. Die Kräuter und die Pfefferkörner in einem Gewürzsäckchen mitziehen lassen. Gelegentlich umrühren, damit die Sauce nicht am Boden ansetzt; falls das Ragú zu dick wird, mit ein wenig Wasser aufgießen. Mit Salz abschmecken.

Mit frisch gekochter Pasta servieren oder nach Belieben in anderen Gerichten verwenden.

DIE FALSTAFF-WEIN-EMPFEHLUNG

Casale del Giglio
2017 Mater Matuta Rosso
Lazio IGT
94 Falstaff-Punkte
In der Nase deutlich nach satten Kirschen und saftigen Zwetschken, edle Pfefferwürze, ein Hauch Fumé rundet das Bouquet ab. Am Gaumen geschliffen und dicht, mit satter Frucht und kernigem Tannin, zeigt Finesse und Länge.
casaledelgiglio.it

COSCIA DI ANGELLO LAMMSCHLÖGEL MIT COUSCOUS UND KAROTTEN

(FÜR 4 PERSONEN)

SCHWIERIGKEITSGRAD: mittel

DAUER VORBEREITUNG: *1,5 Stunden*

DAUER FERTIGSTELLUNG: *5 Minuten*

ZUTATEN

1 Lammschlögel mit Knochen, ca. 1,5 kg – vom Fleischer zugeputzt
80 g Stangensellerie
800 g Schalotten
80 g Karotten
50 ml Olivenöl, extra vergine
150 g Babykarotten
500 ml Kalbsfond
5 g schwarzer Pfeffer, ganz
150 g Couscous
200 ml Rotwein
25 g Wildblütenhonig
0,1 g Safran
20 g Butter
Salz
Petersilie
Minze

ZUBEREITUNG

- Den Ofen auf 180 °C vorheizen.
- Die Karotten und die Schalotten schälen und in grobe Stücke schneiden. Die Sellerie ebenfalls in Stücke schneiden und das Gemüse in einer ofenfesten Form im Ofen rösten.
- Den oberen (dickeren) Teil des Lammschlögels auslösen und mit einem Faden Küchengarn wieder in Form binden.
- Den Schlögel auf das Gemüse legen und für 50 Minuten in den Ofen schieben; das Fleisch alle 15 Minuten wenden.
- Das Couscous in eine Schüssel geben; den Safran in einer heißen Pfanne trocken rösten, bis er duftet, und zusammen mit dem Olivenöl und Salz unter das Couscous mischen. Das Couscous mit 250 Milliliter heißem Wasser aufgießen und zugedeckt ziehen lassen.
- Sobald die Flüssigkeit aufgenommen ist, mit einer Gabel durchrühren und die gehackte Petersilie und Minze untermischen.
- Die Babykarotten mithilfe eines Tuchs und eines kleinen Messers sauber zuputzen und reinigen, in Olivenöl anbraten und mit Butter und Honig deglacieren.

ANRICHTEN

In einer großen Schüssel das Couscous, die Babykarotten und den Lammschlögel anrichten.

DIE FALSTAFF-WEIN-EMPFEHLUNG

Famiglia Cotarella
2017 Montiano Rosso Lazio IGP
95 Falstaff-Punkte
Vielschichtige und klare Nase, fein gezeichnet von edlen Hölzern, Brombeeren, schwarzen Johannisbeeren, etwas Lakritze und Leder. Zeigt sich am Gaumen mit tollem, schmelzigem Fruchtkern, elegantes und eng gewobenes Tannin begleitet den Verlauf, mit Druck und Finesse.
famigliacotarella.it

TIRAMISÙ

(FÜR 4 PERSONEN)

SCHWIERIGKEITSGRAD: *mittel*

DAUER ZUBEREITUNG: 1 Std. + 6 Std.

ZUTATEN MASCARPONE-MOUSSE
20 ml Wasser
75 g Zucker
2 Eigelb
250 g Mascarpone
75 ml Schlagobers

ZUTATEN BISKOTTEN
2 Eiweiße
55 g Kristallzucker, fein
Etwas Kristallzucker, grob
$^1/_2$ g Salz
2 Eigelb
35 g Mehl
30 g Maizena

ZUTATEN FERTIGSTELLUNG
75 ml Kaffee
3 g Kakaopulver

ZUBEREITUNG MASCARPONE-MOUSSE
- Zucker und Wasser in einer kleinen Sauteuse auf 120 °C kochen. Die Eigelb in den Rührkessel einer Küchenmaschine geben und mit dem Schneebesen anschlagen. Unter Rühren den heißen Zuckersirup langsam zugeben.
- Das Schlagobers steif schlagen und die Hälfte davon mit der Mascarpone glatt rühren. Diese Masse unter die Eigelb mischen. Zum Schluss das restliche Schlagobers vorsichtig unterheben.

ZUBEREITUNG BISKOTTEN
- Die Eiweiße mit einer Küchenmaschine und Schneebesen anschlagen. Unter weiterschlagen nach und nach den Zucker einrieseln lassen und zu cremig steifem Schnee schlagen.
- Die Eigelb einmischen und zum Schluss das mit der Stärke versiebte Mehl mit einer Teigkarte vorsichtig untermischen.
- Die Masse in einen Dressierbeutel mit großer Tülle füllen und auf ein Backpapier in klassischer Finger-Biskottenform aufdressieren. Mit etwas grobem Kristallzucker bestreuen und bei 180 °C für 10 Minuten backen.

ZUBEREITUNG FERTIGSTELLUNG
- Die Biskotten kurz in den Kaffee tunken und in Schichten abwechselnd mit der Mascarpone-Masse in eine Form schlichten. Mit einer Mascarpone-Schicht abschließen und diese mit dem Kakaopulver bestreuen.
- Das Tiramisu für 6 Stunden kühlen.

DIE FALSTAFF-WEIN-EMPFEHLUNG

Villa Caviciana
2017 Maddalena Rosso
Lazio IGT
91 Falstaff-Punkte
In der Nase nach satter Pfirsichfrucht, reifen Erdbeeren, Zwetschken, sehr duftig und offenherzig. Am Gaumen mit klarer, süßer Frucht, zeigt sich brillant und mit knackiger Säure, nicht behäbig.
villacaviciana.com

KAMPANIEN

Die Region um Neapel zwischen Vesuv und Amalfiküste hat kulinarisch viel zu bieten. Neapel ist die Wiege der Pizza. Büffelmozzarella, sonnenreife Tomaten, Amalfizitronen und Meeresbewohner aus dem Golf sind Genussbotschafter dieses Garten Edens.

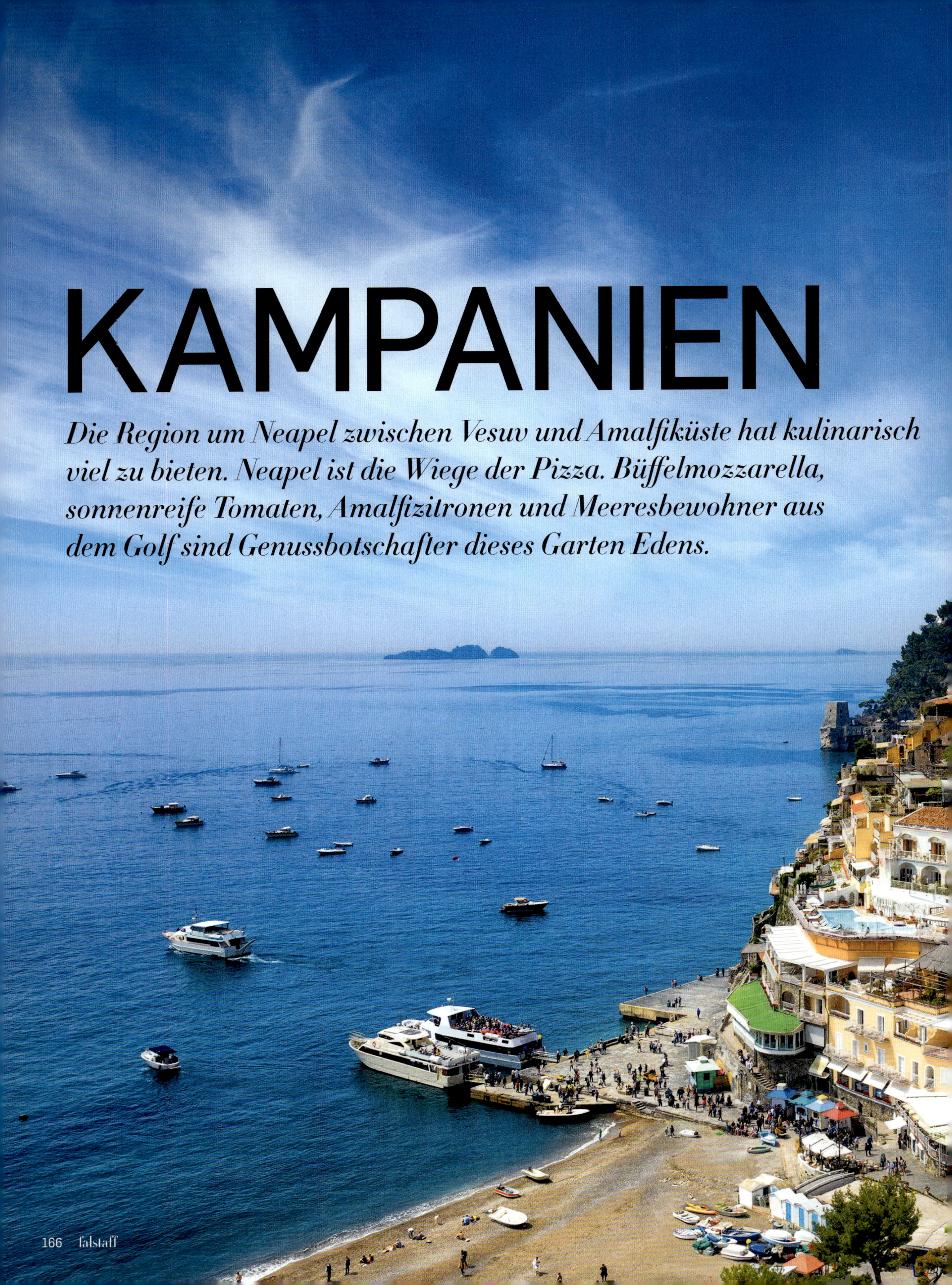

GENNARO ESPOSITO

Chefkoch im »Torre del Saracino«

Seine Lehrjahre verbrachte der Sterne-Koch Gennaro Esposito bei Gianfranco Vissani in Umbrien und bei seinem späteren Bewunderer Alain Ducasse. 1992 kehrte er in seinen Heimatort Vico Equense zurück und betreibt dort seither unterhalb eines alten Küstenwachturms aus der Sarazenenzeit das Restaurant »Torre del Saracino«, in dem er sich auf die kreative und zuweilen auch innovative Zubereitung von Fisch, Gemüse und Käse aus der unmittelbaren Region spezialisiert hat. Dort bezaubert er seine Gäste unter anderem mit Thunfisch-Scaloppini mit Colatura di Alici (der abgeseihten, salzigen Flüssigkeit aus den Fässern, in denen Sardellen eingelegt werden), handgemachten Fusilli di Gragnano mit Tintenfischen und Vongole Veraci oder Steinbutt mit Sauce von Mozzarella und Tomaten. Traditionelle italienische Küche auf Weltklasse-Niveau.

Esposito ist auch bekannt dafür, sogar Quallen für seine Gerichte zu verwenden. Und so serviert er seinen staunenden Gästen unter anderem auch Quallencarpaccio mit Büffelmozzarella.

TORRE DEL SARACINO

Das Restaurant liegt in Seiano unter dem Torre del Saraceno in Vico Equense. Die Küche ist kreativ mit einer Kombination aus Tradition, Region und Erfindungsgeist. Das Restaurant liegt direkt am Meer mit Blick auf Neapel und den Vesuv.

Falstaff Rezept-Newsletter
Rezepticeen kostenlos
via E-Mail erhalten
go.falstaff.com/at-rezept-newsletter

BÄLLCHEN VOM BÜFFEL

Kampanien ist berühmt für Büffelmozzarella. Aus 100 Prozent Büffelmilch muss sie sein, um die DOP-Herkunft zu bekommen. Für den 100-prozentigen Genuss verwendet Spitzenkoch Gennaro Esposito nur beste Zutaten. Manchmal auch »Mozzarella di Bufala Campana DOP« aus Paestum.

PARMIGIANA DI PESCE

FISCH-PARMIGIANA

(FÜR 4 PERSONEN)

SCHWIERIGKEITSGRAD: *mittel*

DAUER VORBEREITUNG: *75 Minuten*

DAUER FERTIGSTELLUNG: *20 Minuten*

ZUTATEN

2 Knoblauchzehen, geschält
400 g San-Marzano-Paradeiser, gewürfelt
2 Basilikumzweige
2 Melanzane, geschält und gewürfelt
2 Oreganozweige
170 g Mozzarella Fior di Latte
8 Degenfischfilets à 10 cm
2 Eier
Weizenmehl, griffig, W 480
Olivenöl extra vergine
Salz
Olivenöl zum Herausbacken

ZUBEREITUNG

- In einer Pfanne einen Schuss Olivenöl erhitzen, eine Knoblauchzehe grob geschnitten leicht anbraten und die Paradeiser und einen Basilikumzweig dazugeben. 15 Minuten kochen, durch eine Flotte Lotte passieren und für ein paar Minuten weiterkochen. Mit Salz abschmecken.
- In einer weiteren Pfanne einen Schuss Olivenöl erhitzen, die zweite Knoblauchzehe grob gehackt anlaufen lassen, die Melanzaniwürfel und den Oregano dazugeben. Für 10 Minuten kochen und mit Salz abschmecken.
- Die Mozzarella in 4 Scheiben schneiden. Die Fischfilets auf einer Seite leicht längs einschneiden. Die Hälfte der Fischfilets mit der eingeschnittenen Seite nach unten je mit einer Mozzarellascheibe und einem Basilikumblatt belegen, darauf kommt wiederum ein Stück Fischfilet mit der eingeschnittenen Seite nach oben. Jedes »Paket« gut mehlieren, durch die versprudelten Eier ziehen und in einer Pfanne mit viel Olivenöl herausbacken. Auf Küchenpapier abtropfen.

ANRICHTEN

Die Paradeissauce mittig auf die Teller geben, je ein »Degenfischpaket« darauf anrichten und mit den Melanzaniwürfeln fertig garnieren.

DIE FALSTAFF-WEIN-EMPFEHLUNG

Azienda Agricola San Salvatore 1988
2018 Elea greco paestum
92 Falstaff-Punkte
Helles Strohgelb. In der Nase zunächst leicht würzig, dann nach weißer Trüffel, gedörrter Banane und einem Hauch weißem Pfeffer. Am Gaumen saftig und mit zartem Schmelz.
sansalvatore1988.it

SPAGHETTI AL POMODORO

(FÜR 4 PERSONEN)

SCHWIERIGKEITSGRAD: *leicht*

DAUER ZUBEREITUNG: *35 Minuten*

ZUTATEN

320 g Spaghetti
25 ml Olivenöl extra vergine
1 Knoblauchzehe, geschält
1 Basilikumzweig
1 Dose Corbarino-Paradeiser
Salz
Basilikumspitzen

ZUBEREITUNG

- Einen großen Topf gesalzenen Wassers zum Kochen bringen. Darin die Spaghetti kochen.
- In einer Pfanne das Olivenöl erhitzen und die Knoblauchzehe braten, bis sie hellbraun wird; herausnehmen und wegwerfen. Anschließend den Basilikumzweig im heißen Olivenöl ziehen lassen, bis er dunkel wird; ebenfalls herausnehmen und wegwerfen. Den ganzen Inhalt der Corbarino-Paradeiser-Dose in die Pfanne geben und fünf Minuten bei hoher Flamme kochen. Mit Salz abschmecken.
- Die Spaghetti abgießen und zur Paradeissauce geben. Auf vier tiefen Tellern anrichten und jeweils mit etwas Basilikum fertig dekorieren.

DIE FALSTAFF-WEIN-EMPFEHLUNG

Terre Stregate
2017 Cara Cara Falanghina benevento igt
92 Falstaff-Punkte
Helles Strohgelb. In der Nase nach weißem Pfirsich, weißen Blüten, im Nachhall duftig und leicht nach Banane. Am Gaumen sehr fein und mit leichter Creme.
terrestregate.it

POLIPETTO SCAROLA

TINTENFISCH MIT ENDIVIEN

(FÜR 4 PERSONEN)

SCHWIERIGKEITSGRAD: *mittel*

DAUER VORBEREITUNG: *90 Minuten*

DAUER FERTIGSTELLUNG: *10 Minuten*

ZUTATEN FÜR DIE GEFÜLLTE ENDIVIE
1 Endivie
80 g Olivenöl extra vergine
80 g schwarze Oliven aus Gaeta, entkernt, gewässert
20 g Kapern, abgespült und gewässert
20 g Korinthen, in Wasser eingeweicht
10 g Pinienkerne, geröstet

ZUTATEN FÜR DIE POLIPETTI
4 Polipetti veraci, geputzt – alternativ: größerer Oktopus vom Fischhändler, dieser hat eine längere Garzeit
Olivenöl
1 Paradeiser
1 Peperoncino
1 Bund Petersil
1 EL Weißweinessig
1 Knoblauchzehe
Salz
Pfeffer

ZUBEREITUNG POLIPETTI
- Die Polipetti gut putzen. Paradeiser, Peperoncino und Petersil hacken, mit dem Essig vermischen und in die »Köpfe« der Polipetti füllen. Die Polipetti in einen Schmortopf setzen, die Knoblauchzehe, das Olivenöl und die restliche Paradeiser-Peperoncino-Fülle dazugeben, salzen und pfeffern. Mit einem Deckel verschließen und eine halbe Stunde auf mittlerer Hitze kochen. Mit einem Messer den Gargrad testen.

ENDIVIEN-ROULADEN
- In einem großen Topf Salzwasser zum Kochen bringen, die Endivie darin blanchieren und in Eiswasser abschrecken.
- Für die Fülle die übrigen Zutaten in einem Schuss Olivenöl in einer Pfanne anlaufen lassen und abschmecken.
- Von der Endivie schöne Blätter abschneiden und mit der Fülle wie Frühlingsrollen einrollen. In eine Auflaufform schlichten, mit etwas Olivenöl beträufeln und im vorgeheizten Ofen bei 190 °C für 10 Minuten backen.

ANRICHTEN
Die Polipetti mit den Endivien-Rouladen und dem Garfond aus dem Schmortopf anrichten.

DIE FALSTAFF-WEIN-EMPFEHLUNG

Cantine di Marzo
Vigna ortale greco di tufo DOC
92 Falstaff-Punkte
Intensives, brillantes Strohgelb mit einem Tupfen Hellgold. In der Nase zu Beginn etwas verhalten, öffnet sich mit etwas Zeit auf Noten von Edelpilzen, Kräutern und ganz leicht auf goldener Birne. Am Gaumen mit toller Saftigkeit, kompakt und klar.
cantinedimarzo.it

RAVIOLI ALLA GENOVESE

(FÜR 4 PERSONEN)

SCHWIERIGKEITSGRAD: *mittel*

DAUER VORBEREITUNG: *7 Std.*

DAUER FERTIGSTELLUNG: *20 Minuten*

ZUTATEN
100 ml Olivenöl extra vergine
20 g Schweineschmalz
2 Karotten, geschält
2 Selleriestangen
1 kg gemischte Fleischstücke – Rinderwade, Salsiccia, Schweinshaxe, Kalbsfuß – in kleine Stücke geschnitten
200 ml Weißwein
2 kg Zwiebeln, geschält
750 ml Fleischsuppe
2 Eier
Parmesan, gerieben
Thymian, gezupft
600 g Eierpastateig
Salz
Pfeffer, schwarz

ZUBEREITUNG
- In einem großen Topf Olivenöl und Schweineschmalz erhitzen. Karotten und Stangensellerie in Würfel schneiden und für einige Minuten anlaufen lassen. Die Fleischstücke dazugeben und rundherum gut anbraten lassen. Mit dem Weißwein ablöschen und diesen verkochen lassen. Die Zwiebel in Scheiben schneiden und dazugeben. Den Deckel auflegen und köcheln lassen. Jede Viertelstunde kontrollieren, damit das Ganze nicht am Boden ansetzt. Regelmäßig mit einem Schöpfer heiße Suppe aufgießen. Nach Belieben salzen und pfeffern und das Ganze für fünf Stunden dünsten lassen.
- Das Fleisch aus dem Topf heben und mit einem Drittel der Zwiebel portionsweise in einem Cutter zu einer homogenen Masse mixen. Den geriebenen Parmesan, Thymian und die Eier zu der Masse geben; das ergibt die Fülle für die Ravioli.
- Die übrige Sauce in einen großen Sautoir seihen, um darin später die gekochten Ravioli zu schwenken.
- Den Pastateig von Hand oder mit einer Nudelmaschine dünn ausrollen. Das Nudelblatt mit wenig Wasser benetzen und im Abstand von 4 Zentimetern kleine Häufchen Fülle auftragen. Ein weiteres Nudelblatt so darüberlegen, dass möglichst keine Lufteinschlüsse zurückbleiben, Ravioli ausstechen und in Salzwasser kochen.
- Aus dem Wasser heben und gleich in der heißen Sauce schwenken. Mit zusätzlicher Fleischsauce und einem Thymianzweig anrichten.

DIE FALSTAFF-WEIN-EMPFEHLUNG

Galardi
2017 Terra di Lavoro
Campagnia
95 Falstaff-Punkte
Edles, dunkles Rubin mit Granat. Satte Nase nach reifen Waldbeeren und satten Himbeeren, ein Hauch Brombeere, edler Würzeton im Nachhall nach Zimt und Gewürznelken.
terradilavoro.it

BABÀ NAPOLETANO

(FÜR 4 PERSONEN)

SCHWIERIGKEITSGRAD: *mittel*

DAUER VORBEREITUNG: *1 Std. + 5 Std.*

DAUER FERTIGSTELLUNG: *10 Minuten*

ZUTATEN FÜR DEN BABÀ
250 g Weizenmehl W 700
25 g Zucker
5 g Salz
10 g Germ
100 g Butter, zimmerwarm
4 Eier
1 Eigelb
Butter für die Formen

ZUTATEN FÜR DEN SIRUP
250 ml Wasser
125 g Zucker
Orangenzeste
Zitronenzeste
Vanillestange, halbiert

ZUTATEN FÜR DIE CRÈME PÂTISSIÈRE
½ l Milch
Zitronenzeste
6 Eigelb
150 g Zucker
60 g Weizenmehl W 480
Orangenzeste

Früchte der Saison

ZUBEREITUNG BABÀ
- Im Rührkessel einer Küchenmaschine das Mehl, Zucker, Salz, Germ, 75 g Butter und 3 Eier mit dem Bischof-Rühraufsatz zu einem homogenen Teig mischen. Weiterkneten und das letzte Ei, das Eigelb und die restliche Butter einarbeiten. Den Teig gut kneten lassen und anschließend an einem nicht zu kühlen Ort zugedeckt gehen lassen. Sobald der Teig sein Volumen verdoppelt hat, mit der Maschine zurückschlagen.
- Den Teig in gleiche Teile aufteilen, zu straffen Kugeln schleifen und in runde, ausgebutterte Formen geben. Diese wiederum an einem warmen Ort gehen lassen, und sobald sie ihr Volumen verdoppelt haben, im vorgeheizten Backrohr bei 200 °C ca. 25 Minuten backen.

ZUBEREITUNG SIRUP
- Alle Zutaten aufkochen, leicht überkühlen und den Babà damit tränken.

ZUBEREITUNG CRÈME PÂTISSIÈRE
- In einer Sauteuse die Milch und die Zitruszeste aufkochen. In einer Schüssel die übrigen Zutaten vermischen und unter Rühren die heiße Milch dazugießen. Das Ganze zurück in den Topf gießen und für ein paar Minuten köcheln und etwas eindicken lassen, dabei mit einem Kochlöffel rühren, damit sich die Crème nicht am Boden ansetzt.

ANRICHTEN
In tiefen Tellern die Crème mit dem Babà und frischen Früchten anrichten.

DIE FALSTAFF-WEIN-EMPFEHLUNG

Nonino
Grappa Nonino Riserva 24 anni
96 Falstaff-Punkte
Elegante, edelwürzige Nase, weißer Pfeffer, Kakaopulver, nach Kastanien und Bourbonvanille, exotische Früchte. Dicht und sehr vielschichtig, zart rauchig, druckvoll und kompakt, zieht sich lange über den Gaumen, elegantes, endloses Finish
nonino.it

DI MARTINO

Bis heute wird das Unternehmen mit der gleichen Leidenschaft geführt, basierend auf den Werten Qualität, Handwerk, Innovation und Aufwertung des Gebiets und seiner Kultur.

Seit 109 Jahren sind die Di Martinos eine Institution unter den Pastaproduzenten. In der bereits dritten Generation produzieren sie heute acht Millionen Teller Pasta pro Tag und exportieren diese in mehr als 35 Länder.

GELEBTE LEIDENSCH

AFT FÜR PASTA

Die Pasta von Pastificio G. Di Martino sticht durch ihre italienische Eleganz heraus und überzeugt mit Tradition, Echtheit und Qualität.

Di Martino gehört zu den wenigen großen Pastaproduzenten, die ausschließlich mit italienischem Weizen und traditionellen Bronzeformen arbeiten.

Wie jede Geschichte hat auch die der Familie Di Martino ihre herausragenden Protagonisten, angefangen mit dem Gründer: Giuseppe Di Martino. Aufgrund der wirtschaftlichen Schwierigkeiten seiner Familie begann Giuseppe im Jahr 1907, im Alter von zehn Jahren, in einer Nudelfabrik zu arbeiten. Deren Besitzer hatte keine Söhne, so gab er sein Wissen an Giuseppe weiter. Schließlich verkaufte ihm der Besitzer der Fabrik seine Anteile. So entstand 1912 die Pastificio Di Martino.

Die geografische Lage von Gragnano erleichterte schon immer den Warentransport auf dem Seeweg, und so war Pasta Di Martino 1915 die erste, die den Panamakanal durchquerte. Doch hier fand man kein wirkliches Neuland, die Qualität der Pasta war bereits bei den italienischen Auswanderern in Amerika bekannt.

Ab 1944 holte Giuseppe Di Martino seine Söhne in das Unternehmen. Er wollte, dass sie, wie er selbst, ganz unten anfangen. Giuseppe modernisierte den Maschinenpark im Produktionszyklus, um der Nachfrage gerecht zu werden. Er leitete die Nudelfabrik schließlich bis 1972. Er starb 1977 und arbeitete noch bis wenige Tage vor seinem Tod.

Das Geheimnis: Die Pasta besteht aus Quellwasser und 100 Prozent italienischem Hartweizengrieß.

EINE MISSION, DIE WEITERGEHT

Seit der Gründung des Unternehmens wird es als Familienbetrieb geführt. Im Gegensatz zu anderen Unternehmen, die, um immer weiter expandieren zu können, auf importierten

Weizen zurückgreifen, der in Teflonformen gepresst wird, setzt man seit Anbeginn auf lokale Ressourcen und traditionelle Verarbeitung: Ausschließlich Wasser aus den Lattari-Bergen, italienischer Weizen und Bronzeformen kommen für die Produktion zum Einsatz. Die Verwendung von Bronze hat zur Folge, dass der Teig länger und fester in die Form gepresst werden muss. Deshalb ist die Pasta von Di Martino fester als die Teflonpasta der Konkurrenz, und die raue Oberfläche nimmt leichter die Sauce auf.

Mit mehr als hundert Jahren bewährter Erfahrung führen Giuseppe und Giovanna Di Martino, Nudelhersteller in dritter Generation, heute den Familienbetrieb mit der gleichen Leidenschaft weiter. Dadurch wird die über 500 Jahre währende Qualität der in Gragnano hergestellten Nudeln bewahrt und fortgesetzt. Pasta di Gragnano ist auch die einzige italienische Trockenpasta mit geschützter Herkunftsbezeichnung.

BUNT UND PERFEKT

Auffällig sind nicht nur die Qualität und die perfekte Bissfestigkeit der Pasta aus dem Hause Di Martino, auch die bunte Verpackung im Retrostil mit den geschwungenen gelben Lettern »Pastificio G. Di Martino« macht sie einzigartig, auffällig und wunderschön.

In Zusammenarbeit mit dem italienischen Designerduo Domenico Dolce und Stefano Gabbana ist die »Dolce & Gabbana – Special Edition« entstanden mit dem Slogan: »La Famiglia, la Pasta, l'Italia!«. Exzellente Pasta trifft hier auf exzellentes Design und Eleganz!

Di Martino Air S.r.l.
Via Castellammare 82
80054 Gragnano (Na)
pastadimartino.it

Seit über 100 Jahren wird die traditionelle Pasta der Familie Di Martino in Gragnano hergestellt. Die bunte Verpackung macht sie unverwechselbar.

SIZILIEN

Die Insel schmeckt nach Sonne und Meer, hat eine lange Geschichte und eine reiche Kultur. Vor allem aber auch ein buntes kulinarisches Erbe: Früchte, Gemüse, Fische, Meeresfrüchte, Trauben, Salz und Öl – ein Paradies für Genießer.

CICCIO SULTANO

Chefkoch im »Ristorante Duomo«

Ciccio Sultano zählt zu den besten Köchen Siziliens. Seit 2006 kann er sich als Küchenchef des »Ristorante Duomo« in Ragusa Ibla, der Altstadt von Ragusa, alljährlich über zwei Michelin-Sterne freuen. Der begnadete Küchenchef experimentiert mit verschiedenen kulinarischen Kulturen, die die Küche Siziliens prägen. Legendär sein »Schwein vom Nebrodi-Gebirge mit Couscous und Kapernblüten«.
Seit 2015 betreibt Sultano in Ragusa auch das »I Banchi«, seine ureigenste Interpretation einer Trattoria, die er »Cucina Educata« nennt. Mittlerweile wird unter seiner Leitung auch außerhalb Italiens gekocht: im »Pastamar« im »Ritz Carlton Vienna« an der Wiener Ringstraße.
Bei seinen stets sehr persönlichen Kreationen orientiert sich Sultano an drei Prinzipien: Identität, Ortsverbundenheit und Verantwortung gegenüber dem Gast.

In Interviews versichert er immer wieder: »Das was ich mache, ist modern, aber auch ganz und gar meins. In meine Gerichte fließt in jedem Falls das Land ein, in dem ich lebe.«

RISTORANTE DUOMO

Das »Ristorante Duomo« ist Ciccio Sultanos berühmtes Stammhaus in Ragusa. Hier wird eine überaus kreative, sizilianische Küche auf Zwei-Sterne-Niveau serviert. Das Restaurant verteilt sich auf vier kleine Zimmer – das blaue, rote, orange und grüne.

WO DIE ZITRONEN BLÜHEN

Die Eigenständigkeit sizilianischer Kochkunst kommt von der wechselvollen Geschichte der Insel. Die Aromen des Orients treffen auf herrliche Zitrusfrüchte und frische Fische. Ciccio Sultano zum Beispiel kombiniert Orangen, Zitronen und Makrelen. Ein Genuss.

INSALTA DI ARANCIA CON SGROMBO

ORANGENSALAT MIT MAKRELE

(FÜR 4 PERSONEN)

SCHWIERIGKEITSGRAD: *einfach*

DAUER VORBEREITUNG: *40 Minuten*

DAUER FERTIGSTELLUNG: *10 Minuten*

ZUTATEN
2 Tarocco-Orangen
2 Blutorangen
2 sizilianische Zitronen
30 g Petersilie
Chilischote
100 ml Eiswasser
150 ml Olivenöl extra vergine
2 Frühlingszwiebeln, gewaschen, zugeputzt
Salz
2 Dosen Makrelenfilets in Öl »Testa Conserve«

ZUBEREITUNG
- Die Orangen und Zitronen mit einem scharfen Messer schälen und filetieren. Die Frühlingszwiebeln schräg in feine Streifen schneiden und in Eiswasser legen. Die Chilischote in sehr feine Ringe schneiden, die Petersilie fein hacken. Die Frühlingszwiebeln aus dem Eiswasser nehmen und auf einem Küchenpapier abtropfen.
- Zusammen mit der Chili und der Petersilie unter die Zitrusfrüchte mischen. Mit dem Olivenöl und ein wenig Wasser marinieren und mit Salz abschmecken. Eine Weile ziehen lassen.
- Die Makrelenfilets vorsichtig aus dem Öl nehmen und dazu servieren.

Der Salat passt auch hervorragend zu Würsten und Gegrilltem.

DIE FALSTAFF-WEIN-EMPFEHLUNG

Tenuta delle Terre Nere
Etna Bianco DOC 2020
Die Cuvée aus Carricante, Catarratto, Grecanico, Inzolia und Minnella ist am Gaumen sanft und subtil, aber angenehm süß, mit einem Kontrast zwischen reifen Obstbäumen und lebendiger Säure und feinen mineralischen Noten.
tenutaterrenere.com

LASAGNA AL FORNO

(FÜR 4 PERSONEN)

SCHWIERIGKEITSGRAD: *mittel*

DAUER VORBEREITUNG: *105 Min .+ 45 Min.*

DAUER FERTIGSTELLUNG: *10 Minuten*

ZUTATEN LASAGNE-TEIG
250 g Hartweizengrieß
90 ml Wasser
1 Eigelb

ZUTATEN RAGÙ
400 g Faschiertes vom »Nero Siciliano dei Nebrodi« (Schwein)
400 g Rinderfaschiertes
50 g Karotte, geschält, in kleinen Würfeln
50 g Stangensellerie, geschält, in kleinen Würfeln
50 g gelbe Zwiebeln, geschält, in kleinen Würfeln
1 Knoblauchzehe, gehackt
Salz
Pfeffer
Muskatnuss
75 g Paradeisermark
400 ml Wasser
Schuss Rotwein
500 g Paradeiserstücke (aus der Dose)
Thymian, Rosmarin und Salbei und Majoran zu einem Sträußchen gebunden
Basilikum
25 ml Olivenöl extra vergine

BÉCHAMEL-SAUCE
500 ml Milch, heiß
30 g Butter
30 g Mehl W 480
Salz, Pfeffer, Muskatnuss

WEITERE ZUTATEN
600 g Melanzani, in Scheiben geschnitten und in Olivenöl herausgebacken
4 hartgekochte Eier, geschält
120 g Parmesan
Butter

ZUBEREITUNG LASAGNEBLÄTTER
- Aus den Zutaten einen eher festeren Teig kneten – ggf. noch Hartweizengrieß zusätzlich einarbeiten. Gekühlt mindestens 15 Minuten rasten lassen. Auswalken, in Größe der Auflaufform schneiden und in gesalzenem Wasser kurz kochen. In kaltem Wasser abschrecken.

ZUBEREITUNG RAGÙ
- Die fein gewürfelten Gemüse in Olivenöl anlaufen lassen, den gehackten Knoblauch zugeben. Die beiden Sorten Faschiertes in den Topf geben, mit dem Kochlöffel zerteilen und mitrösten, bis der Topfinhalt ziemlich trocken erscheint. Mit einem guten Schuss Rotwein ablöschen; wieder einkochen lassen und dann mit den Paradeiserstücken und dem im Wasser versprudelten Paradeisermark aufgießen.
- Das Ganze zirka 1 ½ Stunden bei mittlerer Hitze dünsten.

ZUBEREITUNG BECHAMELSAUCE
- Butter in einer Sauteuse aufschäumen lassen, Mehl einrühren und für 2 Minuten mitschwitzen – ohne dass es Farbe nimmt. Unter Rühren dreimal die Milch zugießen und klumpenfrei einrühren.
- Kurz köcheln lassen, von der Hitze nehmen und mit Salz und Muskatnuss abschmecken.

ZUBEREITUNG
- Eine Auflaufform mit Butter ausstreichen. Beginnend mit einem Pastablatt 5 Schichten bestehend aus Pasta, Ragù, Bechamel und geriebenem Parmesan in die Auflaufform schichten. Die Lagen abwechselnd zusätzlich mit Scheiben der hartgekochten Eier und der gebackenen Melanzanischeiben verfeinern.
- Die Lasagne bei 200 °C 25 Minuten backen und vor dem Anrichten ein wenig rasten lassen.

DIE FALSTAFF-WEIN-EMPFEHLUNG

Tenuta delle Terre Nere 2019 Etna Rosso DOC
Rote Cuvée aus Nerello Mascalese und Nerello Cappuccio mit einem reinen Klang von Wildkirsche und Himbeere. Akzente von getrocknetem Thymian und gemahlenem weißen Pfeffer, mineralische Anklänge von Eisen und Rauch.
tenutaterrenere.com

RAZZA IN AGRODOLCE

ROCHEN IN SÜSS-SAUREM GEMÜSE

(FÜR4 PERSONEN)

SCHWIERIGKEITSGRAD: *einfach*

DAUER VORBEREITUNG: *75 Minuten*

DAUER FERTIGSTELLUNG: *5 Minuten*

ZUTATEN AGRODOLCE
500 g Paprika, halbiert entkernt
35 g rote Pfefferoni, mild, entkernt, in dünne Ringe geschnitten
16 g Basilikum (1 kl Bund)
16 g Petersil (1 kl Bund)
1 Bund Frühlingszwiebeln
100 g eingelegte Kapern (von Ciccio Sultano), abgetropft
40 g Paradeisermark (von Ciccio Sultano)
140 g grüne Oliven in Olivenöl (von Ciccio Sultano)
25 g frische Minze (1 Bund)
30 g Honig
350 g Karotten geschält
200 g Stangensellerie
200 ml Zitronensaft
100 ml Rotweinessig (6 % Säure)
3 Zehen Knoblauch, gehackt
80 ml Olivenöl zum Anbraten
50 ml Olivenöl zum Fertigstellen

ZUTATEN ROCHEN
1 kg Rochenflügel, vom Fischhändler zugeputzt
Mehl
Olivenöl
Salz, Pfeffer

ZUBEREITUNG AGRODOLCE
- Sämtliche Gemüse in ½ Zentimeter breite, rund 3 bis 4 Zentimeter lange Streifen schneiden. Erst die Knollen der Frühlingszwiebeln, Knoblauch, Kapern und in Olivenöl anlaufen lassen. Die restlichen Gemüse dazugeben und mitdünsten.
- Nach 4 Minuten die Oliven dazugeben, weitere 6 Minuten dünsten; dann das Paradeisermark und den Honig einmischen. Von der Hitze nehmen, die Kräuter grob hacken und wie bei einem Salat unterheben. Mit dem Rotweinessig und dem Olivenöl abschmecken; ganz zum Schluss den Zitronensaft dazugeben und rasten lassen.

ZUBEREITUNG ROCHEN
- Die Rochenflügel in appetitliche Stücke teilen, mehlieren und in sehr heißem Olivenöl braten; salzen, pfeffern und für 15 Minuten in den 190 °C heißen Ofen schieben.
- Auf einer Servierplatte die Rochenstücke anrichten und das süß-saure Gemüse darauf verteilen. 10 Minuten rasten lassen und servieren.
- Das Gericht kann auch am Vortag zubereitet und leicht wiedererwärmt serviert werden; der Geschmack wird über Nacht sogar noch besser!

DIE FALSTAFF-WEIN-EMPFEHLUNG

Tenuta delle Terre Nere 2019 Etna Bianco DOC San Calderara Sottana
100 % Carricante aus bis zu 60 Jahre alten Stöcken aus dieser Einzellage. Fische Zitrusfrüchte im Duft, jodig-salzig, viel Frische. Am Gaumen tiefgründig, sehr feine Säure, komplex, viel Frucht, mit Biss im Abgang
tenutaterrenere.com

MAIALINO NERO ALLA CHIARAMONTANA

FERKEL NACH CHIARAMONTANA-ART

(FÜR 4 PERSONEN)

SCHWIERIGKEITSGRAD: *mittel*

DAUER VORBEREITUNG: *75 Min. + 6 Std.*

DAUER FERTIGSTELLUNG: *30 Minuten*

ZUTATEN SAUCE

1 kg Schweineknochen, gehackt
1 Karotte
1 Zwiebel
1 Selleriestangen
½ Knoblauchknolle
1 EL Paradeisermark
30 ml Paradeisersauce, Passata di Pomodoro
Thymian
Salbei
Rosmarin
Lorbeerblatt
schwarze Pfefferkörner
Olivenöl extra vergine

ZUTATEN FÜLLE

100 g Schweinefleisch (Nebrodi-Schwein) aus der Schulter, klein gewürfelt
50 g Salami (vom Nebrodi-Schwein), gewürfelt
80 g Paradeiser
1 Zwiebel, geschält, gewürfelt
1 Knoblauchzehe, geschält
Oregano
Salz
Olivenöl extra vergine
100 ml Gemüsefond
60 g Caciocavallo Ragusano, gerieben
Weißbrotbrösel
½ Chilischote
15 g Petersil (1 kl Bund)
Oregano
Olivenöl

ZUTATEN KOTELETTS

4 Schweinekoteletts à 150 g
320 g Fülle
2 Knoblauchzehen, geschält, blanchiert
Rosmarin
Thymian
Salz, Pfeffer
Olivenöl
200 g Paradeisersauce, Passata di Pomodoro
80 g Butter

4 Erdäpfel à 100 g, 1 Stunde bei 200 °C gebacken

ZUBEREITUNG SAUCE

- Die Knochen bei 160 °C im Ofen rösten, bis sie schön goldbraun sind. In der Zwischenzeit die Gemüse in 2 cm große Stücke schneiden und in einem großen Topf in Olivenöl rundherum schön abraten. Die Kräuter und das Paradeisermark kurz mitrösten, dann die gerösteten Knochen dazugeben und mit Wasser aufgießen.
- Das Ganze für 6 Stunden köcheln lassen – dabei immer wieder verdunstetes Wasser nachgießen. Über Nacht gekühlt stehen lassen, dann abseihen, die Paradeisersauce dazugeben und bei großer Hitze reduzieren, bis die Sauce eine schöne Konsistenz hat. Für schöneren Glanz zum Schluss durch ein Haarsieb seihen.

ZUBEREITUNG FÜLLE

- Die Zwiebel, Knoblauch in Olivenöl in einer Schmorpfanne anschwitzen. Das Schweinefleisch und die Salami mitsautieren. Paradeiser und den Gemüsefond dazugeben und für 30 Minuten köcheln; danach kühl stellen. Ausgekühlt mit der Chili, dem Käse, Oregano und der Petersilie entweder von Hand oder in einem Cutter fein hacken. Mit den Weißbrotbröseln die Konsistenz einstellen.

ZUBEREITUNG KOTELETTS

- Die Koteletts zuputzen; dabei mit dem Messerrücken schabend die Rippenknochen bis zum Fleisch hübsch zuparieren. In jedes Kotelett eine Tasche schneiden, dort mit einem Löffel die Fülle hineingeben, je mit einer halbierten blanchierten Knoblauchzehe abschließen und mit einem Rosmarinzweig als »Spieß« verschließen.
- Die Koteletts mit den übrigen Zutaten und ein wenig Fleischsauce in eine Bratpfanne mit Deckel geben und bei 200 °C im Ofen für 10 Minuten backen. Falls die Erdäpfel vorgebacken wurden, dazugeben und in der Hitze mit regenerieren.

ANRICHTEN

Die Koteletts aus dem Ofen nehmen, kurz rasten lassen und mit der Sauce und den Ofenerdäpfeln auf einem vorgewärmten Teller anrichten.

DIE FALSTAFF-WEIN-EMPFEHLUNG

Tenuta delle Terre Nere 2018 Etna Rosso DOC San Lorenco

Rote Cuvée aus Nerello Mascalese und Nerello Capuccio. Dunkelrote Früchte, wie Waldbeeren, begleitet von Orangenzesten, Würze gepaart mit frischer und saftiger Frucht. Am Gaumen komplex, lang mit viel Tiefgang und Kühle.
tenutaterrenere.com

CASSATA SICILIANA

(FÜR 4 PERSONEN)

SCHWIERIGKEITSGRAD: *mittel*

DAUER VORBEREITUNG: *1 Std. + 4 Std.*

DAUER ZUBEREITUNG: *10 Minuten*

ZUTATEN
500 kg trockener Ricotta, in einem mit Tuch ausgelegten Sieb, mit einem Gewicht beschwert über Nacht
150 g Staubzucker

ZUTATEN ALCHERMES-SIRUP
125 ml Wasser
75 g Zucker
30 ml Alchermes-Likör (Apotheke Santa Maria Novella, Milano)

ZUTATEN BISKUIT
50 g Weizenmehl glatt W 480
75 g Zucker
3 Eier
Salz

ZUTATEN ZUM FERTIGSTELLEN
250 g kandierte Früchte: Chinotto-Orange, Mandarine, Kürbis, Zitronat, Morello-Kirschen, Kaffeebohnen
150 g Marzipan-Rohmasse
Staubzucker

ZUBEREITUNG BISKUIT
- Die Eier mit einer Prise Salz und dem Zucker über Dampf schaumig aufschlagen. Das Mehl einsieben und vorsichtig unterheben.
- 3 cm dick auf ein mit Backpapier ausgelegtes Backblech streichen und im vorgeheizten Backrohr bei 180 °C (165 °C Heißluft) für ca. 30 Minuten backen. Auskühlen lassen.

ZUBEREITUNG RICOTTA
- Den Ricotta und den Staubzucker in einer Küchenmaschine glatt rühren.

ZUBEREITUNG ALCHERMES-SIRUP
- Wasser und Zucker aufkochen, den Likör dazugeben und von der Hitze nehmen.

FERTIGSTELLEN
- In Dessertringe mit 7 bis 8 cm Durchmesser zuunterst eine Schicht ausgestochenes Biskuit geben; dieses vorsichtig mit dem Sirup tränken. Darauf den Ricotta schichten und das Ganze für ein paar Stunden kühlen. Anschließend aus den Ringen nehmen.
- Die Marzipan-Rohmasse mit Staubzucker stauben und 3 mm dick ausrollen im Durchmesser der Dessertringe ausstechen und auf die Biskuit-Ricotta-Törtchen legen.
- Mit den kandierten Früchten ausdekorieren.

DIE FALSTAFF-WEIN-EMPFEHLUNG

Donnafugata
Ben Ryé Passito di Pantelleria 2018
95 Falstaff-Punkte
Öffnet sich an der Nase komplex auf Noten von Birnenkompott, gedörrten Aprikosen, Datteln, Karamell, ein Hauch Akazienhonig. Spannt am Gaumen ein großes Kleid auf, extrem vielschichtig, mit saftigem Spiel, reife gelbe Frucht, edel anmutend, mundfüllend.
donnafugata.it

GROSSE WEINE VOM

Auf 30 Hektar an den Hängen des Ätna vinifiziert »Barolo-Boy« Marco de Grazia authentische, biozertifizierte Weine. Einst vergessen, sind die Weine vom Vulkan heute begehrte Kostbarkeiten.

SCHWARZEN BERG

Fruchtbares Vulkanien: Manche Weinstöcke der Tenuta delle Terre Nere haben die Reblausplage überlebt und zählen über 100 Jahre.

Das rote Haus mit dem Keller. Marco de Grazia: »Würde man das Weinbaugebiet rund um den Ätna mit Burgund vergleichen, dann wären diese Lagen hier die Côte d'Or des Ätna.«

Marco de Grazia ist kein Unbekannter in der internationalen Weinszene. Er war einer der Ersten in Italien, der mehrere aufstrebende Weingüter zu einem Zusammenschluss bewegen konnte, um die damals schwächelnden Exporte anzukurbeln. So gilt der ehemalige Weinagent als Miterfinder jener »Barolo-Boys«, die einst den Weinbau im Piemont auf ein neues internationales Level hievten. De Grazia, stets auf der Suche nach unterschätzen Weinbaugebieten, gelangte 2002 nach Sizilien, kostete einen Rosso dell'Etna und war begeistert. Vom Wein, von den knorrigen Winzern, die ihren knorrigen Rebanlagen in unermüdlicher Handarbeit letztlich grandiose Weine abtrotzen. Weine, die es so nirgends auf der Welt gibt. Also gründete Marco schließlich mit Bruder Iano die Tenuta delle Terre Nere. Die Investoren kamen fast so rasch wie der Erfolg, und die einst verwaiste Region war plötzlich ein neuer Star am italienischen Weinhimmel, dem auch Kritikerpapst Robert Parker Respekt (plus wertvolle Punkte) zollte.

DIE »CRUS« DER VULKANIER

Das Weingut Tenuta delle Terre Nere umfasst beste Lagen – von Marco de Grazia auch gerne »Cru« genannt – zwischen den Orten Solicchiata und Randazzo an den nördlichen Hängen des 3357 Meter hohen Ätna.

Die Böden sind durch ehemalige Eruptionen und längst erloschene Lavaströme nicht bloß von unterschiedlichster Beschaffenheit, sondern auch unterschiedlichen Alters. Hinzu kommen enorme Höhenunterschiede auf kleinstem Raum, manchmal innerhalb eines Hektars. Die höchstgelegenen Rieden des Weinguts ziehen sich fast bis zu einem Drittel auf die Nordflanke des stetig rauchenden Vulkans – von rund 600 bis hinauf auf knapp 1000 Höhenmeter. Je höher, desto steiler und desto felsiger wird das Terrain. Durch die Höhenlage ist es stets kühl und windig, dazu kommen die Winde vom Meer.

Weinbau unter diesen Bedingungen ist eine spezielle Herausforderung, aber es sind wohl genau diese archaischen Voraussetzungen, die Marco de Grazia und dessen Bruder faszinieren und die beste Voraussetzungen für einzigartige Weine schaffen. Nun noch zu den einzelnen Lagen.

Das Erfolgsgeheimnis: geringer Ertrag und akribische Handarbeit im Weingarten.

EINE FRAGE DER LAGEN

Die größte Lage der Region ist Feudo di Mezzo. Sie liegt auf 600 bis 700 Metern, die Reben sind 40 bis 80 Jahre alt, ihre Böden durchzogen von Lavaströmen unterschiedlichen Alters. Das Herzstück wird »Il Quadro delle Rose« genannt, aus dessen Nerello Mascalese, einer Hauptsorte Siziliens, der elegante und tiefgründig-komplexe Etna Rosso DOC gekeltert wird.

Caldera Sottana wiederum heißt der steilste und felsigste Weingarten. Die Rebanlagen zählen zwischen 50 und 100 Jahre, der Ertrag liegt bei fünf Tonnen pro Hektar. 14 Hektar sind mit den zwei roten Sorten Nerello Mascalese (98 Prozent) und Nerello Cappuccio (zwei Prozent), 3,5 mit der weißen Carricante bepflanzt. >

Karge Lage: Die höchsten Lagen um 1000 Meter waren die ersten, die Marco di Grazia und sein Bruder Iano erwerben konnten. Draus keltern sie dunkelfruchtige, klare, würzige Rotweine.

> Ein Hektar davon, »La Vigna di Don Peppino«, genannt nach dem Mann, der sich um diesen kleinen Garten kümmerte, hat die Reblausplage erfolgreich überstanden. Die wurzelechten Stöcke zählen mehr als 130 Jahre.

Santo Spirito, heiliger Geist, ist die Lage mit der vielleicht besten Aussicht. Auf 700 bis 760 Metern Seehöhe wachsen 40 bis 100 Jahre alte Reben auf »jüngeren« und daher nährstoff- und mineralreichen Vulkanböden. Um die Weingärten wachsen viel Grün und wilde Kräuter. Feinwürzig und intensiv gelingen die Weine dieser »geheiligten« Lage.

Guardiola nennt sich die mit 800 bis 1000 Metern höchstgelegene »Contrada«. Sie war einer der ersten Weingärten, die Marco di Grazia und sein Bruder Iano bewirtschafteten. Es ist

Marco di Grazia hat schon das Piemont belebt. Seit 2002 keltert der »Barolo-Boy« am Ätna authentische, biozertifizierte Weine mit Lagerpotenzial.

»Die Weine von Marco di Grazia haben mit dazu beigetragen, den Ätna auf der geologischen Karte ganz nach vorn zu setzen. Seine Beständigkeit bei der Weinherstellung ist einer der wichtigsten Garanten für die Zukunft dieser aufstrebenden Weinregion. ROBERT PARKER

karg, steil, der Boden hart. Die Bedingungen sind noch unwirtlicher als »weiter unten«. Durch aufwendige Handarbeit werden dreieinhalb bis viereinhalb Tonnen Trauben gewonnen. Die strotzen vor Kräuterwürze, dunkler, klarer Frucht, Struktur und Komplexität.

Auch auf dem neuesten Projekt, San Lorenzo, wurzeln auf vier Hektar bis zu hundert Jahre alte Stöcke. Auf rund 750 Metern Seehöhe gewinnt man hier minimale Erträge der kleinbeerigen Nerello. Die feinst strukturierten, eleganten Rotweine zählen zu den besten der Region. Marco de Gracia ist es gelungen, mit seinem Engagement eine gesamte Weinbauregion zu beleben. Gab es vor 30 Jahren nur eine Handvoll Weingüter am Ätna, sind es derzeit um die 20. Die Tenuta delle Terre Nere jedoch ist das Maß aller Dinge am Ätna, wie auch Robert Parker befindet. <

Tenuta delle Terre Nere Winery
Contrada, Strada Comunale Calderara
95036 Randazzo (CT)
tenutaterrenere.com

LICHTENSTEIN
SCHWEIZ
ÖSTERREICH
BOZEN
1 SÜDTIROL
2 FRIAUL
SLOWENIEN
MAILAND
5 PIEMONT
4 LOMBARDEI
3 VENETO
TRIEST
VENEDIG
6 EMILIA ROMAGNA
TURIN
BOLOGNA
GENUA
ADRIATISCHES MEER
7 TOSKANA
Farina Bona
FLORENZ
BUON APPETITO
8 ROM
9 KAMPGANIEN
ROM
NEAPEL
TYRRHENISCHES MEER
PALERMO
10 SIZILIEN
Vespa

ADRESSEN

CASTEL FINE DINING (1)
Gerhard Wieser ist ein absoluter Könner der alpin-mediterranen Küche.
Keschtngasse, 18, 39019 Dorf Tirol, Südtirol
T: +39 473 923693, hotel-castel.com

ALOIS LAGEDER (1)
Tòr Löwengang, Grafengasse 9, 39040 Margreid
aloislageder.eu

L'AGRINE A VENCÒ (2)
Antonia Klugmann setzt auf unübliche Zutatenkombinationen, die sie zum Teil selbst anbaut.
Località Vencò, 34070 Dolegna del Collio, GO
T: +39 350 5212804, largineavenco.it

NONINO (2)
Via Aquileia 104, 33050 Percoto Pavia di Udine, UD, grappanonino.it

LE CALANDRE (3)
Massimiliano Alajmos Drei-Sterne-Restaurant »Le Calandre« befindet sich in einem Vorort von Padua.
Via Liguria, 1 35030 Rubano, PD
T: +39 49 630303, alajmo.it

MASI AGRICOLA S.P.A. (3)
Via Monteleone 26, 37015 Sant'Ambrogio di Valpolicella, Verona, masi.it

DAL PESCATORE (4)
Nadia Santinis Restaurant ist mit drei Michelin-Sternen dekoriert.
Localitá Runate 15, 46013 Canneto sull'Oglio, MN
T: +39 376 723001, dalpescatore.com

ZENATO AZIENDA VITIVINICOLA S.R.L (4)
Via San Benedetto 8, 37019, Peschiera del Garda, VR, zenato.it

PIAZZA DUOMO (5)
Enrico Crippa und sein Team verwöhnen hier mit außergewöhnlichen Kreationen.
Piazza Risorgimento 4, 12051 Alba, CN
T: +39 173 366167, piazzaduomoalba.it

BRAIDA (5)
Loc. Ciappellette SP27, 9, 14030 Rocchetta Tanaro Asti, Piemont, braida.it

OSTERIA FRANCESCAN (6)
Massimo Botturas Gourmettempel in Modena wurde zweimal zum »weltbesten Restaurant« gewählt.
Via Stella 22, 41121 Modena, MO
T: +39 59 223912, osteriafrancescana.it

CAMPARI GROUP (6)
Via F. Sacchetti 20, 20099 Sesto San Giovanni, MI
camparigroup.com

ARNOLFO (7)
Gaetano Trovato verwirklicht seine eigene modern und mediterran inspirierte Küche.
Via XX Settembre 50, 53034 Colle di Val d'Elsa, SI
T: +39 577 920549, arnolfo.com

TENUTA VALLOCAIA, BINDELLA SRL SOCIETÀ AGRICOLA (7)
Via delle Tre Berte 10/A, 53045 Montepulciano, SI
bindella.ch

GIANO RESTAURANT (8)
Nicola Zamperetti und Ciccio Sultano bringen die sizilianische Küche nach Rom.
Via Liguria 26–36, 00187 Rom
T: +39 6 42016253, marriott.com

TORRE DEL SARACINO (9)
Gennaro Espositos Restaurant liegt direkt am Meer mit Blick auf Neapel und den Vesuv.
Via Torretta 9, 80069 Vico Equense, NA
T: +39 81 8028555, torredelsaracino.it

DI MARTINO AIR S.R.L. (9)
Via Castellammare 82, 80054 Gragnano, NA
pastadimartino.it

RISTORANTE DUOMO (10)
Ciccio Sultano serviert eine überaus kreative sizilianische Küche auf Zwei-Sterne-Niveau.
Ibla, Via Capitano Bocchieri 31, 97100 Ragusa, RG
T: +39 932 651265, cicciosultano.it

TENUTA DELLE TERRE NERE WINERY (10)
Contrada, Strada Comunale Calderara
95036 Randazzo, CT
tenutaterrenere.com

falstaff

IMPRESSUM

MEDIENINHABER
Falstaff Verlags-GmbH

REDAKTIONSORT DES MEDIENINHABERS
Führichgasse 8
1010 Wien
T: +43 1 9042141
F: +43 1 9042141-450
www.falstaff.at, redaktion@falstaff.at

1. Auflage 2021

ISBN: 978-3-902660-94-7

HERAUSGEBER
Wolfgang M. Rosam
Angelika Rosam

GESCHÄFTSFÜHRUNG
Mag. Elisabeth Kamper
Ronald Tomandl, M. Sc.

FOTOGRAFIE & FOODSTYLING
Lena Staal / STAAL & JOHS
Gitte Heidi Rasmussen
Francesco Milicia, Küchenchef »Pastamara, The Ritz-Carlton, Vienna«

TEXTE & MITARBEIT
Herbert Hacker
Othmar Kiem
Herta Scheidinger
Christoph Fink
Ilse Fischer
Marko Locatin

GRAFISCHE GESTALTUNG
alaki-desgn/Wolfgang Lackinger

ILLUSTRATION & KARTEN
Katharina Winkler
Stefanie Hilgarth

CREATIVE CONCEPT
Florence Wibowo

LEKTORAT
Angelika Hierzenberger-Gokesch
Thomas Fisher

HERSTELLER
Druck Styria GmbH & Co KG
Styriastraße 20
8042 Graz
www.styriaprintgroup.com

Herzlichen Dank an
Jürgen Ammertstorfer, MBA, General Manager »The Ritz-Carlton, Vienna«
Stephan Zuber und das Culinary Team »The Ritz-Carlton, Vienna«
Francesco Milicia, Küchenchef »Pastamara, The Ritz-Carlton, Vienna«
Christian Zandonella, General Manager »W Hotel Rome«

FOTO-QUELLENVERWEIS

Seite 7-8 Shutterstock | **Seite 10** Mattia Mionetto | **Seite 28-20** Shutterstock | **Seite 30** Marco Peruzzo - Different Media Productions | **Seite 48-49** www.idm-suedtirol.com | **Seite 50** Ydo Sol Images | **Seite 68-69** Shutterstock | **Seite 70** Francesca Brambilla Serena | **Seite 88-89** Shutterstock | **Seite 108-109** Getty Images | **Seite 110** Marco Poderi | **Seite 128-129** Shutterstock | **Seite 130** Stefano Scatà | **Seite 148-149** Shutterstock | **Seite 166-167** Shutterstock | **Seite 186-187** Shutterstock | **Seite 188** Giuseppe Bornò
Herzlichen Dank an Nanna.at | Capture by Lucy | Club Backdrops
Die abgedruckten Fotos der Betriebe und Produkte wurden uns für die Produktion zur Verfügung gestellt.